向邓小平学习

XIANG
DENGXIAOPING
XUEXI

张曙 主编

中共中央党校出版社

图书在版编目（CIP）数据

向邓小平学习 / 张曙主编. -- 北京：中共中央党校出版社，2024.8. -- ISBN 978-7-5035-7783-3

Ⅰ.A849

中国国家版本馆CIP数据核字第2024GF9971号

向邓小平学习

策划统筹	冯　研
责任编辑	任　典
责任印制	陈梦楠
责任校对	王明明
出版发行	中共中央党校出版社
地　　址	北京市海淀区长春桥路6号
电　　话	（010）68922815（总编室）　（010）68922233（发行部）
传　　真	（010）68922814
经　　销	全国新华书店
印　　刷	北京盛通印刷股份有限公司
开　　本	710毫米×1000毫米　1/16
字　　数	192千字
印　　张	16.5
版　　次	2024年8月第1版　2024年8月第1次印刷
定　　价	50.00元

微信ID：中共中央党校出版社　　邮　箱：zydxcbs2018@163.com

版权所有·侵权必究

如有印装质量问题，请与本社发行部联系调换

目 录

一、向邓小平学习信念坚定 / 001

"把一切交给党了" / 001

"三落三起"初心不改 / 005

"对社会主义的前途充满信心" / 011

二、向邓小平学习热爱人民 / 018

"必须同群众打成一片" / 018

"这是群众的智慧" / 023

"人民是看实践" / 028

三、向邓小平学习实事求是 / 035

"'两个凡是'不符合马克思主义" / 035

"一切都要从这个实际出发" / 040

"我们穷,为什么要讲排场呢?" / 046

"问数字""爱算账" / 049

四、向邓小平学习开拓创新 / 055

开辟新时期新道路、开创新理论的"宣言书" / 055

"改革开放胆子要大一些" /060

"办特区是我倡议的" /066

"一国两制""是中国提出来的" /071

五、向邓小平学习斗争精神 /075

直面风险　不惧困难 /075

坚持原则　不计个人得失 /081

讲究策略　善于斗争 /086

六、向邓小平学习战略思维 /095

"教育是一个民族最根本的事业" /095

"中国必须在世界高科技领域占有一席之地" /101

七、向邓小平学习世界眼光 /107

"和平与发展是当代世界的两大问题" /108

"中国的发展离不开世界" /113

"科学技术是第一生产力" /121

八、向邓小平学习坦荡无私 /127

"要把毛主席作为我们党和国家的缔造者来纪念" /127

"永远不要过分突出我个人" /133

"我的生命是属于党、属于国家的" /136

"我哪天去，哪天走，不关紧要" /141

九、向邓小平学习大局观念 /146

"小局服从大局" /146
"全体和局部缺一不可" /154
"中央要有权威" /161

十、向邓小平学习领导艺术 /166

把握主流　抓住关键 /166
大胆果断　举重若轻 /170
柔中寓刚　绵里藏针 /175
知人善用　精于协调 /178

十一、向邓小平学习科学决策 /183

"摸着石头过河" /183
"不争论""允许看" /188
"发展才是硬道理" /196
"抓住时机，发展自己" /201

十二、向邓小平学习调查研究 /210

深入群众　亲自调研 /210
聚焦问题　求真务实 /214
研究新情况　解决新问题 /222
心中有"数"　摸透实情 /227

十三、向邓小平学习优良家风 /234

  夫妻情深　相濡以沫 /234

  尊敬老人　喜爱孩子 /238

  低调自律　奉献社会 /243

  艰苦朴素　生活俭朴 /248

后　记 /253

一

向邓小平学习信念坚定

  1926年1月，22岁的邓小平在莫斯科中山大学撰写的自传中郑重许下了他践行一生的伟大誓言："我来莫的时候，便已打定主意，更坚决的把我的身子交给我们的党，交给本阶级。从此以后，我愿意绝对的受党的训练，听党的指挥，始终为无产阶级的利益而争斗。"① 短短的誓言，贯穿了邓小平的整个人生旅程。1992年7月，他在同胞弟邓垦的谈话中说："共产主义理想是伟大的，但要经过相当长的历史阶段才能达到。社会主义是可爱的，为社会主义奋斗是值得的。这同时也是为共产主义奋斗。"② 虽然时光跨越近70年，虽然历经无数艰难曲折，邓小平的初心和使命却始终如一。信念坚定，是邓小平一生最鲜明的政治品格。

"把一切交给党了"

  邓小平为共产主义奋斗的初心缘起于他赴法国求学五年零三个月

---

① 《邓小平年谱》第1卷，中央文献出版社2020年版，第28—29页。
② 《邓小平年谱》第5卷，中央文献出版社2020年版，第646页。

的那段岁月。1920年10月19日，经过历时39天的海上航行，心怀救国理想的邓小平和80多名重庆及湖南学生抵达法国南部港口马赛，开启了勤工俭学的新生活。不久，邓小平与20多名中国学生一起来到距巴黎200多公里的小城巴耶，进入巴耶中学学习。尽管邓小平省吃俭用，但到了1921年3月，他身上的钱已所剩无几。邓小平心里明白，家里也很困难，很难再寄钱了。邓小平迫于经济压力不得不开始四处寻找工作，希望能够通过劳动挣钱，进而继续完成学业。

1921年4月，邓小平在施奈德钢铁厂觅得一份工作。不满18岁的他只能当杂工，并且被分配到轧钢车间，从事强度最大、最危险的轧钢工作，每天只能领6法郎60生丁的薪金，连糊口都不够，更不要说积攒学费了。60多年后，邓小平在回忆这段往事时感慨地说："我在法国呆了五年半，其中在工厂劳动了四年，干重体力劳动。我的个子小，就是因为年轻时干了重劳动。"① 资本主义剥削的残酷和社会现实的黑暗，给邓小平的心灵带来了极大的震动。但正如邓小平自己说的那样："这样的生活使我接受了马克思主义。"②

为能早日重返学校，邓小平离开施奈德工厂另寻出路。在很长的一段时间里，他做过饭馆招待、火车站码头搬运工和清洁工等各种杂工。1922年2月，邓小平来到巴黎南部的蒙达尔纪附近夏莱特市的哈金森橡胶厂。夏莱特属蒙达尔纪市，是中国留法勤工俭学生们的聚集之地。工作依然枯燥、劳累，但邓小平在这里结识了王若飞、赵世炎等人，他们当时已是6月成立的旅欧中国少年共产党成员。年轻的邓小平很快了解到越来越多的关于马克思主义的学说。他积极接触新事

---

① 《邓小平年谱》第5卷，中央文献出版社2020年版，第341页。
② 《邓小平年谱》第5卷，中央文献出版社2020年版，第341页。

物，成为先进青年中最活跃、最富朝气的一员。

1922年11月，邓小平辞去工作，希望进入塞纳市的夏狄戎中学上学，最终还是因经费不够而没能如愿。最终，靠勤工来维持就学的梦想在残酷的现实面前彻底破灭。1923年2月2日，邓小平返回哈金森橡胶厂继续做工。一个多月后的3月7日，他又一次离开了工厂。

邓小平之所以放弃这份还算不错的工作，不再圆自己的求学梦，是为了追求一个更远大的人生目标。在哈金森橡胶制品厂做工期间，他逐渐接受革命思想，思想开始发生变化。后来，他在回忆这一心路历程时说："每每听到人与人相争辩时，我总是站在社会主义这边的。""我从来就未受过其他思想的浸入，一直就是相当共产主义的"[1]，"一方面接受了一点关于社会主义尤其是共产主义的知识，一方面又受到了已觉悟的分子的宣传，同时加上切身已受的痛苦，有了参加革命组织的要求"[2]。

1923年6月，明确终身理想的邓小平加入旅欧中国共产主义青年团。1924年7月16日，旅欧中国共产主义青年团执委会改选，确定邓小平、周唯真、余增生三人组成执员会的书记局，负责旅欧共青团的日常工作。根据中共中央有关规定，凡担任旅欧共青团执委会领导成员，即自动转为中国共产党党员。也就是从这天起，邓小平正式转为中共旅欧支部的党员。

邓小平加入旅欧共青团时，旅欧共青团共有成员80多名。邓小平加入中国共产党时，中共党员全国只有数百名。同国民党相比，

---

[1] 参见邓小平1926年1月在莫斯科中山大学填写的履历表，中共中央文献研究室编：《邓小平传》，中央文献出版社2014年版，第42页。
[2] 《邓小平年谱》第1卷，中央文献出版社2020年版，第17—18页。

这时的共产党还是一个历史很短、人数很少的政党。多年后，邓小平在回忆起当年的选择时，不无感慨地说道："那个时候能够加入共产党就不容易。在那个时代，加入共产党是多大的事呀！真正叫做把一切交给党了！什么东西都交了。"① 他还表示自己"自从18岁加入革命队伍，就是想把革命干成功，没有任何别的考虑，经历也是艰难的就是了"②。

为了实现笃定的理想和信念，邓小平热情饱满地为之不断奔走。然而，他活跃的行动逐渐引起了法国警方的注意。1926年1月8日，法国警方决定对邓小平等人的住所进行搜查，并驱逐邓小平出境。但法国警方的搜查行动最终扑了空。原来，1月7日晚，邓小平就已经乘着夜色掩护坐上火车，悄然离开了巴黎。

1926年1月7日晚，邓小平等十几人乘火车离开法国巴黎，途经德国、波兰，于1月中旬到达苏联首都莫斯科。他先被安排到莫斯科东方劳动者共产主义大学学习，不久转入莫斯科中山大学。出于保密考虑，学校给每位学生起了化名，邓小平取了伊万·谢尔盖耶维奇·多佐罗夫这个俄文名字。按照莫斯科中山大学党组织的要求，他撰写了一份自传：

> 我过去在西欧团体工作时，每每感觉到能力的不足，以致往往发生错误，因此我便早有来俄学习的决心，不过因为经济的困难使我不能如愿以偿。现在我来此了，便要开始学

---

① 邓榕：《我的父亲邓小平：激情年华》，中央文献出版社2010年版，第139页。
② 《邓小平文选》第3卷，人民出版社1993年版，第54页。

习活动能力的工作。

  我更感觉到而且大家都感觉到我对于共产主义的研究太粗浅。列宁说："没有革命的理论便没有革命的行动；要有革命的行动，才能证验出革命的理论。"由此可知革命的理论对于我们共产主义者是必须。所以，我能留俄一天，便要努力研究一天，务使自己对于共产主义有一个相当的认识。我还觉得我们东方的青年，自由意志颇为浓厚而且思想行动也难系统化，这实于我们将来的工作大有妨碍。所以，我来俄的志愿，尤其是要来受铁的纪律的训练，共产主义的洗礼，使我的思想行动都成为一贯的共产主义化。①

这份自传可以说是邓小平对自己在法兰西岁月的思想总结。在赴法勤工俭学期间，在对"机器吃人"的资本主义社会有了切身经历之后，他原有的"工业救国""实业救国"理想彻底破灭。他开始认识到：只有通过反帝反封建的革命才能救国救民。在对各种社会思潮进行深入的考察、比较后，他选择了马克思主义，确立了共产主义信仰，并投身革命实践，从一名普通的勤工俭学生成长为一名有理想的革命者。

"三落三起"初心不改

  邓小平的坚定信念和坚强意志是在斗争和考验中磨炼出来的。其

---

① 参见中共中央文献研究室编：《邓小平传（1904—1974）》（上），中央文献出版社2014年版，第63页。

中,最具传奇色彩的是他的"三落三起"。即使是在受到错误批判、蒙受巨大冤屈时,他仍然坚信真理,坚持共产主义的理想信念,不屈不挠,对党和人民无限忠诚。他自己后来总结:"我是三下三上的人,没有乐观主义态度,没有相信自己的信念总会实现的思想,不可能活到今天。"①

1931年8月,在中央苏区的邓小平担任了中共瑞金县委书记。一年多后,临时中央从上海搬到中央苏区并全面推行"左"倾路线。他们认为,坚持毛泽东主张的邓小平执行了"纯粹"的防御路线,即"罗明路线"。苏区中央局机关报《斗争》在这一时期发表了大量的文章,指责此时邓小平领导的会昌中心县委(也称会寻安中心县委)犯了"机会主义"的错误。在中央苏区,站在同"左"倾路线斗争前列的,除了邓小平之外,还有毛泽覃、谢唯俊(又名谢维俊)、古柏。1933年3月,在会昌、寻乌、安远三县党的积极分子代表会议上,邓小平在遭到严厉的批判后被撤销了职务,并被送到红军总政治部驻地的一间小破屋里接受隔离审查,还被责令作出"申明"和"检查"。毛泽覃、谢唯俊、古柏也分别被作出组织处理,这就是著名的"邓、毛、谢、古"事件。为此,邓小平受到了党内"最后严重警告"的处分,这是他政治生涯中的第一次跌落。

尽管身处逆境,但邓小平最担心的并非个人的前途和命运,而是"左"的路线会葬送革命前程。不管"左"倾机会主义者怎样批判,邓小平仍坚信自己执行的是马克思主义的正确路线。他始终认为正确的就要坚持。出于对党的忠诚,遭受打击的邓小平总是积极要求做

---

① 《邓小平年谱》第5卷,中央文献出版社2020年版,第358页。

工作。1933年，蒋介石亲自指挥，调集50万兵力对中央苏区进行第五次大规模军事"围剿"。中革军委副主席兼总政治部主任王稼祥等人向中央主要负责人博古提出，由邓小平担任总政治部秘书长。几经努力后，终于得到同意。总政治部秘书长的工作也是事务性的工作，负责定期收集、综合各军团的情况，向主任、副主任汇报，并代总政治部和中革军委起草各种指示和其他文件。一个月后，邓小平提出想多做一些实际的工作，要求总政治部分配他到下属的宣传部当干事。就这样，邓小平开始主编《红星》报。

1935年1月9日，长征途中的邓小平随中央纵队进入遵义。1月15日至17日，中共中央政治局在遵义召开了扩大会议，即著名的遵义会议。邓小平参加了这次重要的会议，并承担了会议的记录工作。遵义会议是党的历史上一个生死攸关的转折点，也是邓小平人生的一个重要转折点。6月26日，中共中央在两河口召开政治局扩大会议。为了加强前线的领导力量，中央决定调邓小平担任红一军团政治部宣传部长。1936年，邓小平又先后被任命为红一军团政治部副主任、主任。来到红一军团工作，使邓小平重新回到了军事斗争第一线，而且进入主力红军并担任重要领导职务。

在新民主主义革命时期，邓小平经历了人生的首次"跌落"，但却不是他自己感到最痛苦的一次。1984年，来华访问的日本首相中曾根康弘问邓小平：您一生中最痛苦的是什么时候？邓小平感慨地回答道：我一生最痛苦的当然是"文化大革命"的时候。在这个时期，邓小平经历了"三落三起"的后两次"跌落"。

中南海里有一所名叫含秀轩的住宅，20世纪五六十年代，邓小平就住在这里，为探索适合中国情况的社会主义建设道路做了很多富有成效的工作。1966年三四月间，邓小平到西北视察工作。4月4日，他乘专机返回北京。1966年5月16日，以中共中央政治局扩大会议通过《中国共产党中央委员会通知》（即"五一六通知"）为标志，"文化大革命"开始了。随后，当了10年党中央总书记的邓小平，被诬为"党内另一个最大的走资本主义道路的当权派"和"党内第二号走资本主义道路的当权派"。

含秀轩一下子从温馨的家变成了监管邓小平的地方。在从1966年8月起的三年时间里，邓小平除写检查和学习之外，无法做任何实际的工作。1969年，随着中苏关系急剧恶化，中央决定向各地疏散一些在京的老同志。10月22日，一架军用飞机载着65岁的邓小平和他的夫人卓琳、继母夏伯根，由北京飞往江西南昌。在周恩来的专门关照下，邓小平被安排在南昌市郊新建县望城岗的原福州军区南昌陆军步兵学校的一栋小楼里。这栋小楼曾是校长的住所，人称"将军楼"。由于受"文化大革命"的影响，学校已经停办，人去楼空。

在江西的邓小平仍处于半监管的状态。他除每天步行到一公里以外的新建县拖拉机修配厂参加劳动外，是不能够随意外出的。经过慎重考虑，拖拉机修配厂安排邓小平做钳工。钳工可以说是邓小平在法国勤工俭学时做过的老行当，近50年后再一次"重操旧业"的他，对这项工作依然干得很认真。但这项工作对于年近70岁的老人来说并不轻松。有一天，邓小平在车间工作时突然晕倒，卓琳判断邓小平应是犯了低血糖的毛病，连忙和工人们一起扶他坐下。一位热心的女工急忙跑回自己家中，带回一杯糖水。待邓小平喝下糖水稍微缓过来后，工人们用拖拉机将邓小平送回了"将军楼"。

江西的冬天天气阴冷刺骨，善良的工友们在工厂的后墙开了一道小门，以方便邓小平夫妇进出。从那以后，人们发现，每天清晨和中午，总有两位老人行进在这片田间。日复一日，年复一年，竟渐渐地踏出了一条坚实的小道。邓小平在这条小道上走了三年，也整整思考了三年。有人说，中国后来发生的许多事情，就是从这条小道延伸出来的。

即便身处逆境，邓小平依然信念执着。在宁冈县参观访问时，他说，我们的党是好的，是有希望的；我们的人民是好的，是有希望的；我们的国家是好的，是有希望的。在泰和县参观访问时又说，林彪垮台了，我们党的日子会好点。① 他劝慰个别受到错误批判的老干部不要纠缠于个人的恩怨，要振作精神，把眼光看远点。邓小平始终对未来充满希望。1969 年 10 月，他刚到江西时，在专案组问他还有什么要求时回答说："我同意中央对我的安排。我到江西来了，但我还会出来工作的，我还能为党工作十年。"② 1972 年 12 月，他在瑞金制糖厂视察时表示，他还可以干 20 年，干 20 年没什么问题。1984 年 3 月 25 日，他在会见日本首相中曾根康弘时回忆起了自己的这段经历，并说道："其实即使在那个处境，也总相信问题是能够解决的。前几年外国朋友问我为什么能度过那个时期，我说没有别的，就是乐观主义。"③

1972 年 1 月 10 日下午，毛泽东带病参加了陈毅的追悼会。追悼会前，毛泽东在同陈毅亲属谈话时，把邓小平与刘伯承放在一起谈，并说邓小平的问题是人民内部矛盾。这一年的 8 月，邓小平写信给毛泽东，表示希望能为党和国家再做几年工作。毛泽东很快作出批示，肯

---

① 参见《邓小平年谱》第 3 卷，中央文献出版社 2020 年版，第 629、630 页。
② 邓榕：《我的父亲邓小平："文革"岁月》，中央文献出版社 2010 年版，第 116 页。
③ 《邓小平文选》第 3 卷，人民出版社 1993 年版，第 55 页。

定了邓小平在历史上的功绩。1973年2月20日,邓小平结束在江西三年零四个月的艰难岁月,乘火车由江西返回北京。4月12日,沉寂多年的他在人民大会堂的一个宴会上露了面。这是自"文化大革命"被打倒后,他首次在公开场合同中外人士见面。西方媒体惊叹邓小平政治生涯的传奇色彩,于是送给他一个雅号——"打不倒的东方小个子"。

1973年3月,邓小平恢复国务院副总理职务。1975年1月,他担任中共中央副主席、国务院副总理、中央军委副主席、中国人民解放军总参谋长等职务。重新走上中国政治舞台中心的邓小平,本着对国家、民族和党的前途命运高度负责的强烈责任心,义无反顾地对"文化大革命"造成的混乱局面进行了全面整顿。尽管全面整顿艰难曲折,但成绩却显著辉煌:1975年,全国工农业总产值比1974年增产了11.9%,创造了"文化大革命"期间的最高水平。邓小平领导的全面整顿得到了党和人民的衷心拥护。随着全面整顿的逐步深入,必然会触及系统纠正"文化大革命"的错误这一问题。1975年11月20日,毛泽东提出建议,希望邓小平主持中央政治局会议,作一个肯定"文化大革命"的决议,总的看法是"文化大革命"基本正确,有所不足。邓小平婉拒了这个建议,并表示:由我主持写这个决议不适宜,我是桃花源中人,"不知有汉,无论魏晋"。① 随后,在"批邓、反击右倾翻案风"运动中,邓小平又一次受到错误批判,再一次被打倒。

面对人生的第三次大磨难,邓小平依然表现出了从容乐观的政治品格。1976年10月,"四人帮"被粉碎。这一年的年底,邓小平因病住院。当医务人员问他出来工作准备怎么干时,邓小平坚定地表示:

---

① 《邓小平年谱》第4卷,中央文献出版社2020年版,第132页。

一、向邓小平学习信念坚定

我还是那一套,无非第四次被打倒。在广大干部和群众的强烈呼吁下,1977年7月17日,党的十届三中全会通过了《关于恢复邓小平同志职务的决议》,决定恢复邓小平的中共中央委员,中央政治局委员、常委,中央副主席,中央军委副主席,国务院副总理,中国人民解放军总参谋长的职务。这是邓小平政治生涯中的第三次复出。7月21日,邓小平在全会上表态:

> 作为一名老的共产党员,还能在不多的余年里为党为国家为人民做一点力所能及的事情,在我个人来说是高兴的。出来工作,可以有两种态度,一个是做官,一个是做点工作。我想,谁叫你当共产党人呢,既然当了,就不能够做官,不能够有私心杂念,不能够有别的选择,应该老老实实地履行党员的责任,听从党的安排。①

面对政治上的起起落落,邓小平始终初心不悔、信仰如磐。他在1979年初访问美国时,对国际友人幽默地评价过自己的"三落三起"说:"如果对政治上东山再起的人设置奥林匹克奖的话,我很有资格获得该奖的金牌。"②

"对社会主义的前途充满信心"

改革开放初期,中国与西方发达国家存在着发展程度上的巨大差

---

① 参见《邓小平年谱》第4卷,中央文献出版社2020年版,第162页。
② 何理良:《随邓小平副总理访美》,《百年潮》2014年第8期。

距。作为中国特色社会主义道路的开创者，邓小平对理想信念的重要性具有深刻认识，在国内讲话、会见外宾等多种场合，他都会孜孜不倦地宣传马克思主义的科学性和真理性："过去我们党无论怎样弱小，无论遇到什么困难，一直有强大的战斗力，因为我们有马克思主义和共产主义的信念。有了共同的理想，也就有了铁的纪律。无论过去、现在和将来，这都是我们的真正优势。""马克思主义，另一个词叫共产主义。我们过去干革命，打天下，建立中华人民共和国，就因为有这个信念，有这个理想。""我认为，最重要的是人的团结，要团结就要有共同的理想和坚定的信念。我们过去几十年艰苦奋斗，就是靠用坚定的信念把人民团结起来，为人民自己的利益而奋斗。""对马克思主义的信仰，是中国革命胜利的一种精神动力。""我们搞四个现代化建设，人们常常忘记是什么样的四个现代化，是社会主义的四个现代化。这就是我们今天做的事。"①

党的十一届三中全会后，全党工作的重点从"以阶级斗争为纲"转到以经济建设为中心上来，并逐步确立了"一个中心、两个基本点"的基本路线。任务明则方向清，中国在经济、政治上的困难局面很快得到扭转，并在 20 世纪 80 年代实现了快速发展。但是，前进的道路不会一帆风顺，总要遇到一些沟沟坎坎。20 世纪 80 年代末 90 年代初，国际形势发生了巨大的变化，世界社会主义运动出现曲折并急剧走向低潮，中国向何处去的尖锐问题再一次摆在党和人民面前。这一时期的考验主要来自以下四个方面：

一是东欧剧变。20 世纪 80 年代末 90 年代初，一些社会主义国家

---

① 《邓小平文选》第 3 卷，人民出版社 1993 年版，第 144、173、190、63 页。

政治局势发生激烈动荡，出现了东欧八个国家相继发生政权更迭、社会制度剧变的事件。随着东欧各国社会剧变，西方曾允诺的援助却少而慢，并附带苛刻的政治条件。西方的"药方"不但未能消除东欧各国原有的矛盾和冲突，反而引发新的矛盾和冲突。

二是苏联解体。20世纪80年代末90年代初，苏联共产党由于长期脱离人民，成为了一个只维护自身利益的特权官僚集团。同时，又因为其社会和改革进程的领导权不断遭到削弱，致使苏共面临着社会、政治、经济、民族的全面危机和失控。1991年12月25日，飘扬在克里姆林宫上空的苏联国旗悄然降下。

三是政治风波。1989年春夏之交，由于国际上反共反社会主义的敌对势力的支持和煽动以及受国际大气候和国内小气候的影响，导致我国发生了政治风波。党和政府紧紧依靠人民，采取果断措施平息了风波。一时间，社会主义在中国行不行得通成为人们争论的一个焦点，极大地考验着中国人民对坚持走社会主义道路的决心和信心。

四是西方制裁。政治风波被平息后，以美国为首的一些西方国家竭尽歪曲事实之能事，对中国施加政治压力和经济制裁，妄图在世界上掀起反华浪潮。除美国外，先后有20多个发达国家参与了对我国的制裁。国家统计局的统计年报显示，中国进出口增长率由1988年的38%下降为1989年的6.2%，1990年进一步滑落为2.8%。

中国社会主义制度、现代化建设事业和国家主权与安全遭遇严峻挑战。中国能否顶住霸权主义和强权政治的压力，能否把改革开放和现代化建设事业继续向前推进，能否高举社会主义旗帜坚定地走下去，成为事关中华民族前途命运的大问题。在一系列考验面前，一些人的理想信念开始动摇，对中国的改革开放产生疑虑，对中国特色社会主义道路产生怀疑，对社会主义的前途缺乏信心。

关键时刻，邓小平再次表现出了一名老共产党员矢志不渝的信念，表现出非凡的胆略和勇气，对举什么旗、走什么路这个事关中国大局的根本问题作出了坚定、清醒的回答。他指出："马克思主义、社会主义、四项基本原则，我们绝不会放弃。"① 他坚定地指出，中国人民不怕孤立，不信邪。不管国际风云怎么变幻，中国都是站得住的。"中国的社会主义是变不了的。中国肯定要沿着自己选择的社会主义道路走到底。谁也压不垮我们。只要中国不垮，世界上就有五分之一的人口在坚持社会主义。我们对社会主义的前途充满信心。"② 1989 年 6 月 9 日，邓小平在接见首都戒严部队军以上干部时指出："四个坚持本身没有错，如果说有错误的话，就是坚持四项基本原则还不够一贯，没有把它作为基本思想来教育人民，教育学生，教育全体干部和全体共产党员。"③ 11 月 23 日，他在会见南方委员会主席、坦桑尼亚革命党主席尼雷尔时指出："西方国家正在打一场没有硝烟的第三次世界大战。所谓没有硝烟，就是要社会主义国家和平演变。"④ 邓小平敏锐地指出，部分西方国家不遗余力地推行和平演变的策略，目的就是要彻底消灭社会主义制度。

面对"黑云压城城欲摧"的形势，邓小平再次告诫全党："不要急，也急不得。要冷静、冷静、再冷静，埋头实干，做好一件事，我们自己的事。"⑤ 1989 年 9 月 4 日，在同几位中央负责同志谈话时，他

---

① 《邓小平年谱》第 5 卷，中央文献出版社 2020 年版，第 619 页。
② 《邓小平文选》第 3 卷，人民出版社 1993 年版，第 320—321 页。
③ 《邓小平文选》第 3 卷，人民出版社 1993 年版，第 305 页。
④ 《邓小平文选》第 3 卷，人民出版社 1993 年版，第 344 页。
⑤ 《邓小平文选》第 3 卷，人民出版社 1993 年版，第 321 页。

精辟分析了应对国际形势变化的关键所在,指出:"现在的问题不是苏联的旗帜倒不倒,苏联肯定要乱,而是中国的旗帜倒不倒","唯一的办法是我们自己不乱。"① 在邓小平提出的"冷静观察、稳住阵脚、沉着应付"的战略方针指导下,中国巧妙打破和分化了西方制裁,各方面工作很快走出逆境,迎来了蓬勃发展的大好局面。

在邓小平看来,社会主义制度的优越性没有充分发挥,是苏联解体、东欧剧变的一个重要原因。击退资产阶级自由化思潮的浸染,抵制西方资本主义国家和平演变的战略,根本途径应该是发展生产力,让人民过上比较富裕的生活,将社会主义制度的优越性充分展现出来。在"扎扎实实干自己的事"的要求中,发展经济是重中之重。针对当时经济发展存在的一些问题,1989年11月,党的十三届五中全会作出了《关于进一步治理整顿和深化改革的决定》,确定再用三年或更长一点时间,基本完成治理整顿的任务。经过努力,过热的经济明显降温,国民经济保持在了适合实际的一定增长速度上,市场秩序明显好转。在此基础上,人民生活水平得到进一步提高,全国绝大多数地区温饱问题得到解决,中国开始快步向小康社会迈进。

退休后的邓小平依然关心和思考着社会主义的前途和命运,关注着党和国家的发展。1991年10月5日,他在同朝鲜劳动党中央委员会总书记、国家主席金日成谈话时指出:"中国是大国,也可以说中国的社会主义事业不垮,世界的社会主义事业就垮不了。东欧、苏联的事件从反面教育了我们,坏事变成了好事。问题是我们要善于把坏事变成好事,再把这样的好事变成传统,永远丢不得祖宗,这个祖宗就

---

① 《邓小平文选》第3卷,人民出版社1993年版,第320页。

是马克思主义。"① 面对复杂多变的国内外形势，邓小平的一系列指示和建议，帮助中国度过了一段段艰难岁月。

经过一系列治理整顿，中国经济很快走出低谷，但经济运行中存在的深层次问题尚未得到根本解决。苏联解体标志冷战结束，两极社会正在向多极化演进，经济全球化的趋势已初见端倪。有利于发展的机会稍纵即逝，中国能不能借此良机有所作为，这是决定中国命运的又一个十字路口。邓小平不顾88岁的高龄，以普通党员的身份，凭着对党和人民伟大事业的深切期待，于1992年1月18日至2月21日，先后赴武昌、深圳、珠海和上海视察，发表重要谈话。他反复强调："我坚信，世界上赞成马克思主义的人会多起来的，因为马克思主义是科学。它运用历史唯物主义揭示了人类社会发展的规律。""马克思主义的真理颠扑不破。"他告诫人们："不要惊慌失措，不要认为马克思主义就消失了，没用了，失败了。哪有这回事！"② 发表南方谈话后不久，他在同家人的一次谈话中又强调："没有想到我这次南方谈话有这么大的影响，老百姓都拥护这个讲话。这个制度好，谁不拥护？现在欧洲的一些社会党也在说，中国的道路是正确的。资本主义经历了几百年，社会主义才几十年，就要判定输赢？赢家一定会是社会主义。"③

在世界社会主义发展陷入低潮、"历史终结论""社会主义失败论"等错误言论一度甚嚣尘上之时，中国的社会主义能够坚持下来、

---

① 《邓小平年谱》第5卷，中央文献出版社2020年版，第630页。
② 《邓小平文选》第3卷，人民出版社1993年版，第382—383页。
③ 中共中央文献研究室《中国道路》课题组：《中国道路——马克思主义中国化经典文献回眸》，中央文献出版社2011年版，第94页。

马克思主义的旗帜能够继续举起来,很大程度上归功于邓小平的信念坚定。对此,美国哈佛大学中国问题专家傅高义评论说:"邓小平在1989年'六四'之后的三年中,向公众展示着他的毅力、坚韧和十足的自信,在这种环境中能有如此表现的世界领导人并不很多。"① 一些西方观察家也把邓小平誉为"社会主义的卓越掌舵人"。

  以实际行动完成伟业的邓小平,无愧于其坚定不移的崇高信仰。信念坚定,也永远是中国共产党人的精神脊梁。革命理想高于天,要把我国发展得更好,离不开理想信念的力量。中国共产党人锤炼党性,首要的就是坚定共产主义远大理想和中国特色社会主义共同理想。前进道路上,我们要学习邓小平矢志不渝为社会主义、共产主义而奋斗的执着精神,坚定中国特色社会主义道路自信、理论自信、制度自信、文化自信,继而坚韧不拔、风雨无阻地朝着我们的目标奋勇前进。

---

① 傅高义:《邓小平时代》,生活·读书·新知三联书店2013年版,第610—611页。

向邓小平学习热爱人民

1981年2月14日,邓小平在为英国培格曼出版公司编辑出版的《邓小平副主席文集》英文版所作的序言中写道:"我是中国人民的儿子。我深情地爱着我的祖国和人民。"① 质朴的语言,集中表达了他对祖国、对人民的大爱。爱祖国、爱人民,是最深沉、最有力量的情感。2014年8月,习近平总书记在纪念邓小平同志诞辰110周年座谈会上讲话提出:"我们纪念邓小平同志,就要学习他对人民无比热爱的伟大情怀。"② 热爱人民,是邓小平一生最深厚的情感寄托。

"必须同群众打成一片"

群众路线是中国共产党在一百多年的艰苦奋斗中、在胜利与挫折的不断锤炼中形成的优良作风和成功法宝,也是中国共产党的生命线

---

① 《邓小平年谱》第5卷,中央文献出版社2004年版,第12页。
② 习近平:《在纪念邓小平同志诞辰110周年座谈会上的讲话》,《人民日报》2014年8月21日。

二、向邓小平学习热爱人民

和根本工作路线。无论是在革命战争时期、社会主义建设时期还是改革开放新的历史时期，邓小平始终把群众作为"力量源泉"，视群众路线和群众观点为"传家宝"。他强调："群众是我们力量的源泉，群众路线和群众观点是我们的传家宝。党的组织、党员和党的干部，必须同群众打成一片，绝对不能同群众相对立。如果哪个党组织严重脱离群众而不能坚决改正，那就丧失了力量的源泉，就一定要失败，就会被人民抛弃。"①

邓小平是倡导群众路线的典范，也是践行群众路线的典范。新民主主义革命时期，邓小平在革命斗争实践中始终保持党的优良作风，特别注重坚持党的群众路线和实事求是的思想路线。1947年，刘邓大军千里跃进大别山后，邓小平向部队指战员强调，要时刻把党和人民的利益放在高于一切的位置，始终牢记全心全意为人民服务的宗旨，严格维护和遵守群众纪律。邓小平对在大别山站住脚充满了自信，这种自信的一个重要依靠就是人民群众。他提出，"应当向全区群众说明，我们是鄂豫皖子弟兵的大回家，他们的子弟兵在华北胜利了，壮大队伍了；我们的口号是：与鄂豫皖人民共存亡，解放中原，使鄂豫皖人民获得解放"，并一再强调："一定要牢固树立起以大别山为家的思想，一定要和大别山人民同生死共患难，为重建大别山根据地而斗争"。② 为迅速重建大别山根据地，刘邓大军迅速在豫东南、鄂东北、皖西实施战略展开。1947年9月10日，刘伯承、邓小平在河南光山县南向店接见了坚持在大别山开展革命斗争的刘名榜。在得知大别山革

---

① 《邓小平文选》第2卷，人民出版社1994年版，第368页。
② 蒋文俊、姬少华：《邓小平在大别山根据地的群众工作》，《百年潮》2014年第9期。

命"火种"是在敌人包围下"依靠党的领导,依靠人民群众,搞好统一战线"而保存下来的时候,邓小平赞扬道:"对,我们离了党的领导,活不成!离开了人民,离开了枪杆子,更活不成!"① 1947年10月12日,中共中央中原局、中原军区发出《关于放手发动群众、创建大别山解放区的指示》。刘伯承、邓小平明确提出,创立大别山解放区,是我党我军正确的战略方针和确定不移的政治任务。要创立解放区,必须转动打胜仗歼灭敌人、发动群众实行土改这两个车轮。回顾邓小平在大别山关于群众工作的思想与实践的历史,说明在任何时候、任何情况下,只有坚持"一切为了群众、一切依靠群众"的群众观点,才能赢得广大人民群众的支持与信任,才能获得力量之源、胜利之本、执政之基,筑起"真正的铜墙铁壁"。

社会主义建设时期,邓小平充分相信人民群众的革命积极性和伟大力量,充分展现了一名共产党员和一名领导干部坚持群众路线的示范表率作用。邓小平带领部队挺进大西南后,发现党内一些同志忘记了党的根本宗旨是全心全意为人民服务,在实际工作中出现脱离了群众的现象。在这种情况下,工作难免会出现疏漏,甚至在一些重要的工作中陷入了被动的境地。1951年12月,他在西南局第三次城市工作会议上作总结报告时指出:"现在党、政、工、团脱离群众的现象是严重的。由于领导上帮助教育不够,积极分子脱离群众也是严重的,这是我们工作中的真正危险。"② 鉴于此,邓小平还提出了发动群众的有效方法:"要注意交代政策,进

---

① 蒋文俊、姬少华:《邓小平在大别山根据地的群众工作》,《百年潮》2014年第9期。
② 《邓小平文集(1949—1974)》上卷,人民出版社2014年版,第321—322页。

二、向邓小平学习热爱人民

行爱国主义共产主义的教育,才不致迷失方向。"① 1961 年 10 月 23 日,邓小平在接见中国共产主义青年团中央工作会议全体同志时,曾用通俗而又深刻的语言再次强调了群众路线的重要性。他说:"我们要把大量的工作放到群众中去,同他们一块生活、一块活动、一块说笑话、一块下棋,然后去做工作。一不要党气,二不要团气。这就难了。所以,我们做细致的工作,不是比过去更容易。最容易的工作是开大会,发个一般号召,敲锣打鼓,搞得热热闹闹,那个工作究竟见多少效?"② 面对走群众路线的问题,邓小平往往不是生搬硬套地讲一大堆道理,而是针对新的实际和问题,通过自己的思考,提出切合实际的指导意见,字字句句闪现着马克思主义的群众观点。这些话现在读起来仍倍感亲切。

进入改革开放和社会主义现代化建设新时期,邓小平倡导恢复和发扬党的群众路线等优良传统和作风,这也为推动改革开放、开创中国特色社会主义新道路奠定了良好的思想和工作基础。时值"文化大革命"结束,在纠正"左"的错误、进行全面拨乱反正的过程中,邓小平投入了大量的精力来推动恢复和发扬党的群众路线等优良传统和作风。他在《解放思想,实事求是,团结一致向前看》《高级干部要带头发扬党的优良传统》《党和国家领导制度的改革》等重要讲话中都强调了坚持群众路线的重要性,并对脱离群众的形式主义、官僚主义等进行了深刻的剖析和批判。他指出:"一个革命政党,就怕听不到人民的声音,最可怕的是鸦雀无声""只要我们信任群众,走群众路线,把情况和问题向群众讲明白,任何问题都可以解决,任何障碍

---

① 《邓小平文集(1949—1974)》上卷,人民出版社 2014 年版,第 322 页。
② 《邓小平文选》第 1 卷,人民出版社 1994 年版,第 289 页。

都可以排除""如果哪个党组织严重脱离群众而不能坚持改正，那就丧失了力量的源泉，就一定要失败，就会被人民抛弃。全党同志，各级干部，特别是领导干部，必须经常记住这一点，经常用这个标准检查自己的一切言行。"① 邓小平针对干部特殊化现象比较严重的情况，把反对干部特殊化作为恢复和坚持群众路线重要一环来抓。1979年11月2日，他在中央党、政、军机关副部长以上干部会上强调："我们脱离群众，干部特殊化是一个重要的原因。干部搞特殊化必然脱离群众。我们的同志如果对个人的、家庭的利益关心得太多了，就没有多大的心思和精力去关心群众了，顶多只能在形式上搞一些不能不办一办的事情。现在有少数人就是做官当老爷，有些事情实在不像话！脱离群众，脱离干部，上行下效，把社会风气也带坏了。"② 为确保党中央和国务院下发的《关于高级干部生活待遇的若干规定》的实施，邓小平专门强调，这个规定一经党中央和国务院下达，就要当作法律一样坚决执行，通也要执行，不通也要执行。

邓小平关于党的群众路线的有关论述，是对中国共产党长期领导革命、建设和改革经验的科学总结，其历史贡献不可磨灭。他曾谦虚地说，自己所做的事，无非反映了中国人民和中国共产党人的愿望。时刻把自己摆在人民群众之中，与人民群众同呼吸、共命运、心连心，是中国共产党人的奋斗目标。邓小平在这方面"言必信，行必果"，这是他伟大高尚的革命品格，也是他深得广大人民崇敬和爱戴的重要原因。

---

① 《邓小平文选》第2卷，人民出版社1994年版，第144—145、152、368页。
② 《邓小平文选》第2卷，人民出版社1994年版，第218页。

二、向邓小平学习热爱人民

"这是群众的智慧"

邓小平善于从群众的创造中寻找解决问题的答案，善于在新的实践的基础上作出新概括，把群众创造的新鲜经验转化为党的路线、方针、政策和主张。同时，他又能运用这些新鲜经验来动员、组织、领导人民群众进行新的实践，推动社会历史发展。在邓小平看来，我们的事业只有依靠人民群众才会取得成功，1982年，他在中国共产党第十二次全国代表大会致开幕词时指出，"在全国人民中，共产党员始终只占少数。我们党提出的各项重大任务，没有一项不是依靠广大人民的艰苦努力来完成的。"[①]

邓小平高度评价人民群众在改革中发挥的重大作用。他说，"改革开放中许许多多的东西，都是群众在实践中提出来的""绝不是一个人脑筋就可以钻出什么新东西来""这是群众的智慧，集体的智慧"。[②]"农村搞家庭联产承包，这个发明权是农民的。"[③] 1980年春天，《人民日报》的一篇报道首次使用了"万元户"这个新名词。报道说，兰州市郊雁滩人民公社滩尖子大队的一位社员家里有六个劳动力，1979年从队里分了一万元，社员们把他家叫"万元户"。从此，"万元户"成为描述中国人民富裕起来的一个"形容词"。农民生活的这种变化是在党的十一届三中全会以后短短一年多的时间内完成的，带给他们这一实惠的是广大农民在生产实际中创造出的多种多样的生

---

① 《邓小平文选》第3卷，人民出版社1993年版，第4页。
② 《邓小平年谱》第5卷，中央文献出版社2020年版，第648页。
③ 《邓小平文选》第3卷，人民出版社1993年版，第382页。

产组织方式，有包干到组、包产到户，也有联产计酬。后来，这些做法被统称为"家庭联产承包责任制"。

新时期中国的农村改革，就是国家因势利导，在农村建立以家庭联产承包为主的责任制，逐渐改变了中国农业生产的落后情况。那么，当年中国农村改革的第一步是怎么迈出的呢？

1978年12月13日，在党的十一届三中全会前召开的中央工作会议上，邓小平疾呼改革，以调动基层和群众的积极性。他指出："当前最迫切的是扩大厂矿企业和生产队的自主权，使每一个工厂和生产队能够千方百计地发挥主动创造精神。"[①] 他设想，一个生产队有了经营自主权，如果一小块地没有种上东西，一小片水域没有搞养殖业，社员和干部就要睡不着觉，就要开动脑筋想办法。全国几十万个企业、几百万个生产队都开动脑筋，能够增加很多财富。此后，党的十一届三中全会通过的《关于加快农业发展若干问题的决定（草案）》作出规定：除有法律规定者外，不得用行政命令的方法强制社、队执行，应该允许他们在国家统一计划的指导下因时因地制宜，保障他们在这方面的自主权，发挥他们的主动性。但是，由于人们在思想上被束缚着，加之这个决定还认为"不许包产到户""不许分田单干"，致使农民的积极性仍然难以充分发挥。

对于"两个不许"，置身于农业生产第一线的农民开始自发地予以突破了。1978年夏秋之际，安徽遭受特大旱灾，粮食歉收，当地农民的日子十分难熬。由于生计所迫，许多人揣着公社开具的证明，外出逃荒要饭。为了度过时艰，安徽省委决定，允许生产队将一部分耕

---

① 《邓小平文选》第2卷，人民出版社1994年版，第146页。

地借给农户耕种,并鼓励农民个人开荒种粮,谁种谁有,国家不征税,不收统购粮。这一政策激发了农民的生产积极性,引发出了一些农民包产到户、包干到户的自觉行动。

凤阳县梨园公社小岗村是一个只有十几户农民的村子。多年的"大锅饭"已经让他们的生活举步维艰,不得已年年逃荒要饭。这一年,又是"借地"、又是承包到作业组,一些试验性的政策让他们感到了新的变化。穷则思变,小岗村人采取了一个大胆的举动:1978年11月,村里的十八户农民秘密开了一个"地下会议",他们神色庄重地在一张"契约"上按下了自己的手印。纸页上写着:我们分田到户,每户户主签字盖章,如以后能干好,每户保证完成全年上缴的公粮,不再向国家伸手要钱要粮。如不行,我们干部坐牢杀头也甘心,大家社员也保证把我们的小孩养活到18岁。不仅仅是小岗村,从1979年初开始,安徽省在生产责任制开展得比较早的肥西县、凤阳县等地也允许生产队打破土地管理使用上的"禁区",实行"分地到组,以产计工"的责任制;四川省鼓励一些生产队进行包产到组和"以产定工、超额奖励"的试验;云南省楚雄彝族自治州等地推广了包产到组的管理责任制;广东省则在农村社队普遍推行了"五定一奖"的经营管理制度……在改革春风的推动下,许多地方都在进行各种形式的农业生产责任制探索。

在那个年代,包产到组、包产到户的问题很快引起了激烈的争论,甚至被提到了路线、方针的高度。有些人担心,这些做法会瓦解集体经济的所有制基础,担心会偏离社会主义。1979年3月15日,《人民日报》在头版头条位置刊登了署名为"张浩"的题为《"三级所有、队为基础"应该稳定》的来信及"编者按",这封来信对新出现的各类农业生产责任制提出了批评。消息一经传出，引起了很大震动。有人认为，这是中央的新精神；还有人认为，"三中全会的精神偏了，该纠正了"。这篇文章对于实行包产到户的改革者来说，无疑是被当头泼了一盆冷水，导致了干部群众中出现了思想混乱。

时任安徽省委第一书记的万里利用到北京开会的机会，希望能够争取中央的支持。在1979年6月召开的五届全国人大二次会议期间，万里找到了陈云。陈云对安徽的做法表示赞成。1979年7月，邓小平到安徽攀登黄山。在听取了万里对安徽省农业的汇报后，他表示：你们就这么干下去，实事求是地干下去，要不拘形式，千方百计使农民富起来。① 此后，包产到户的效应以惊人的事实呈现在人们面前：以小岗村为例，合作化后的23年中，小岗村没向国家贡献过一斤粮食。而在1979年仅一年的时间里，小岗村的农民就向国家交粮65000斤、油料20000斤，并归还国家贷款800元，人均收入也从过去的20元增加到400元。

尽管"包产到户"显示出了其强大的生命力，也反映出了广大农民的迫切需求，但由于长期的思想禁锢，不少人思想上的束缚很难一时解开。1980年1月11日至2月2日，全国农村人民公社经营管理会议召开，安徽省的做法很快成为众矢之的：有参会人员批评他们调动的是农民个体生产积极性，不符合社会主义方向，又违反相关规定。中央印发的会议纪要也说要坚定地走人民公社集体化道路以及坚守农村的社会主义阵地。此后，形势又一次急转直下。在这个关键的时刻，邓小平在研究了大批来自包产到户一线的情况反映之后表明了他的态

---

① 参见中共中央文献研究室邓小平研究组编：《邓小平画传》，四川出版集团、四川人民出版社2004年版，第242页。

度。4月2日,他在同胡耀邦、万里、姚依林、邓力群谈话时指出:"对地广人稀、经济落后、生活穷困的地区,像贵州、云南、西北的甘肃等省份中的这类地区,我赞成政策要放宽,使它们真正做到因地制宜,发展自己的特点。西北就是要走发展畜牧业的道路,种草造林,不仅要发展现有的牧场,还要建设新牧场。农村要鼓励种树,要发展多种副业,发展渔业、养殖业。政策要放宽,要使每家每户都自己想办法,多找门路,增加生产,增加收入。有的可包给组,有的可包给个人,这个不用怕,这不会影响我们制度的社会主义性质。"①

邓小平敏锐地认识到,农民自发产生的农村承包责任制,体现了广大农民的根本利益和愿望。1980年5月31日,他在同胡乔木、邓力群的谈话中再一次就农村改革问题发表明确意见。他指出:"农村政策放宽以后,一些适宜搞包产到户的地方搞了包产到户,效果很好,变化很快。"② 他认为,总的说来,农业上主要还是思想解放不够。除集体化这个问题外,还有因地制宜。所谓因地制宜,就是说那里适宜发展什么就发展什么,不适宜发展什么就不要去硬搞。还是老框框,思想不解放。邓小平的这一论述不仅对安徽的农村改革是个巨大支持和鼓舞,同时也为全国农村改革指明了方向。许多地方开始解放思想,放手让农民去选择、去试验。当时,四川省不少地方的农民已经开始实行包产到组。内蒙古、河南、贵州等地也开始推行"包产到户"。1981年12月,中央召开农村工作会议,在总结1981年经验的基础上产生了1982年1号文件,即《全国农村工作会议纪要》,第一次正式肯定了包产到户等农业生产责任制的社会主义

---

① 《邓小平年谱》第4卷,中央文献出版社2020年版,第615—616页。
② 《邓小平文选》第2卷,人民出版社1994年版,第315页。

性质。

最终，实行家庭联产承包责任制从小岗农民的自发行动变成了遍及全国的巨大变革。当然，这次农村改革并没有采取一刀切的做法，而是充分尊重农民的自愿，做到了因地制宜。在一些生产力发展较快的地方，社会化、专业化分工较高，其所保留的集体经营方式也同样显示了强大的生命力。家庭联产承包责任制所释放出来的生产力是惊人的，在1979年到1984年的五年间，我国平均每年增产粮食170亿公斤、棉花1300万担。1984年，全国粮食总产量超过8000亿斤。以农村改革为突破口，改革在中国大地上全面展开，一幅充满生机和活力的中国特色社会主义画卷呈现在了世人面前。

"人民是看实践"

邓小平始终以人民利益为最高准则，并将增进人民福祉作为自己孜孜以求的目标。他多次指出："贫穷不是社会主义，社会主义要消灭贫穷，不发展生产力，不提高人民的生活水平，不能说是符合社会主义要求的。"①"社会主义经济政策对不对，归根到底要看生产力是否发展，人民收入是否增加。这是压倒一切的标准。空讲社会主义不行，人民不相信。""我们一定要根据现在的有利条件加速发展生产力，使人民的物质生活好一些，使人民的文化生活、精神面貌好一些。"② 在改革开放和现代化建设的过程中，在探索和设计每一个步骤、每一项决策的可行性时，邓小平都坚守一条准则，那就是要看人

---

① 《邓小平文选》第3卷，人民出版社1993年版，第116页。
② 《邓小平文选》第2卷，人民出版社1994年版，第314、128页。

二、向邓小平学习热爱人民

民拥护不拥护、人民赞成不赞成、人民高兴不高兴、人民答应不答应。他一直强调,只要路走对了,人民赞成,就变不了。凡是符合最大多数人的根本利益、受到广大人民拥护的事情,不论前进的道路上还有多少困难,一定会得到成功,"人民是看实践。人民一看,还是社会主义好,还是改革开放好,我们的事业就会万古长青!"① 把人民群众的利益作为判断和衡量政策正确与否的标准,也因此成为我们党新时期制定方针政策的出发点和归宿,也成为改革开放40多年来我们国家改革开放取得巨大成功的秘诀。

早在1978年邓小平第三次复出后不久,就针对我国农村发展的状况进行了深入考察。川蜀地区自古以来就是我国的产粮重地,素有"天府之国"的美称。然而,正是这个素有"天府之国"美称的农业大省,由于长期受到"左"倾错误思想的影响,农民的生活很困难,农村的生产也得不到发展。粉碎"四人帮"后,四川省委从实际出发,针对农业积贫积弱的局面果断开展工作,使农业生产在一定程度上得到恢复。然而,他们采取的一些政策在当时却遭到非议。1978年初,邓小平出访尼泊尔,途经成都时作了短暂停留。四川省委的同志抓住机会,向邓小平汇报了四川省开展农村工作的情况。听完汇报后,邓小平回答得很明确:"农村和城市都有个政策问题。我在广东听说,有些地方养三只鸭子就是社会主义,养五只鸭子就是资本主义,怪得很!农民一点回旋余地没有,怎么能行?农村政策、城市政策,中央要清理,各地也要清理一下,零碎地解决不行,要统一考虑。自己范围内能解决的,先解决一些,总要给地方一些机动。"② 听完邓小平的

---

① 《邓小平文选》第3卷,人民出版社1993年版,第380页。
② 《邓小平年谱》第4卷,中央文献出版社2020年版,第261页。

回答后，四川省委的同志如释重负。此后，邓小平又多次提及四川农村的情况，并对四川省的农业政策表达了肯定和支持。邓小平根本的出发点，就是要让农民的生活好一些。

邓小平在对待群众利益的问题上从来都是细致入微的。"家"是每一个中国老百姓安居乐业的根本，住房则是关系民生的重要问题。千百年来，历尽沧桑的中国百姓，一直把"耕者有其田，居者有其屋"作为理想社会的基本标志，把"安居乐业"作为毕生的向往和追求。心系人民的邓小平深知这一点的重要性。1978年10月20日，邓小平亲自在北京视察住宅楼的装修工作，他想了解住房的建设能否达到老百姓的要求。在视察宣武门东大街16号楼时，邓小平最感兴趣的问题就是住房的面积。当他听说两居室房间面积分别是14平方米和9平方米，三居室的面积分别是14平方米、12平方米、9平方米时，认为还是"小了点儿"。接着，邓小平又特意询问了楼房的抗震系数。北京市建委的领导介绍说，前三门大街的住宅楼动工时赶上了唐山地震，在后来的设计上考虑到按地震烈度8度设防。对此，邓小平十分满意。随后，他又来到了宣武门西大街新华社对面的4号板楼。他仔细查看了住房，用商量的口气问层高能不能降一些，把面积搞得大一些。通过对两个楼盘的视察，可以发现，邓小平非常希望人民群众能够住进更加宽敞的房子，所以他最关心的是房屋面积。除了房屋面积外，楼房的抗震能力也是邓小平极其牵挂的一个大问题，唐山大地震给人们带来的苦难，他记忆犹新。针对抗震，邓小平特别提出，要多采用新型的建筑材料，突破我们中国传统的"秦砖汉瓦"的建材格局。同时，他又很细心地为群众考虑起了问题：在当时的历史条件下，独门独户的淋浴间并不常见，邓小平却特别交代，要解决人们"洗澡

二、向邓小平学习热爱人民

难"的现象,要多安装一些沐浴设施,这样居民就能够在家里洗上热水澡。① 使每一位中国人民能够"居者有其屋",是邓小平的一个夙愿。

共同富裕也是邓小平在准确把握人民的需要后提出来的。可以说,让全国人民都过上富裕的好日子是他晚年最大的期望。早在改革开放之初,邓小平就提出了共同富裕的构想和实现的路径:让一部分地区一部分人依靠勤奋劳动先富起来,由先富带动后富,逐步实现共同富裕。作为改革的一个重要政策,它打破了平均主义和"大锅饭",激发了人们的积极性,大大解放和推动了社会生产力的发展。中国共产党人始终坚信,选择社会主义道路的中国能够改变其落后的面貌,人民一定能够因此而过上共同富裕的生活。因此,"共同富裕"这一理想始终贯穿于中国改革开放40多年伟大实践之中,从未动摇过。

邓小平从人民群众的生存条件出发,提出了"贫穷不是社会主义"的观点。从20世纪50年代末开始,中国的建设和发展长期受到"左"倾错误思想影响,将精力放在搞阶级斗争上,以致忽视了生产发展。同时,由于缺少建设经验,在工作中,对社会主义的社会公平作了脱离实际的估计,片面地把同等和同步富裕等同于共同富裕。随后,"文化大革命"带来了一股极左思潮,"四人帮"甚至提出了"宁要贫穷的共产主义,不要富裕的资本主义"的口号。相比借助科技革命"东风"而快速发展的那些国家,当时的中国处于一种十分落后的状态,中国人民几乎与富裕无缘。针对"宁要贫穷的共产主义"的错误论调,邓小平反复强调,要把国民经济搞上去,指出:"共产主义能够是贫穷的吗?我们在总结这些经验的基础上,提出了整个社会主

---

① 参见中共中央文献研究室编:《回忆邓小平》(下),中央文献出版社1998年版,第6—7页。

义历史阶段的中心任务是发展生产力,这才是真正的马克思主义。就我们国家来讲,首先是要摆脱贫穷。"① 打破平均主义、"大锅饭",极大地调动了农民的生产积极性。随着让一部分地区、一部分人依靠勤奋劳动先富起来的政策效力迅速扩展到深圳、珠海、汕头、厦门等经济特区、沿海开放城市和一些先行改革的试点企业及城市,很快就形成了改革开放的大好形势。

邓小平充分尊重人民群众的主观能动性,提出允许和鼓励一部分地区、一部分企业和一部分人依靠勤奋劳动先富起来。粉碎"四人帮"后,党中央和国务院制定了一批旨在加快经济发展的相关文件,但全国人民的生产积极性并未按预想那样被调动起来。于是,恢复和坚持按劳分配原则的问题就这样被逐步提上日程。邓小平对按劳分配的讨论给予了支持和指导。1978 年 5 月 5 日,《人民日报》以"本报特约评论员"名义发表了由邓小平亲自审阅的《贯彻执行按劳分配的社会主义原则》一文,文章全面论证了按劳分配的社会主义性质,阐述了按劳分配的各种劳动报酬形式,系统纠正了在此问题上的理论错误和混乱。1978 年 9 月,邓小平到东北三省及河北唐山、天津进行视察,他在天津考察时第一次明确提出"先让一部分人富裕起来"的思想,强调现在不能搞平均主义,好的管理人员应该待遇高一点,不合格的要刷下来,鼓励大家想办法。经过几年的酝酿,1984 年 10 月,党的十二届三中全会通过的《中共中央关于经济体制改革的决定》首次把鼓励一部分人、一部分地区先富起来的政策写进了党的文件。共同富裕的战略否定了把平均主义当作社会主义本质的非科学观念,打

---

① 《邓小平文选》第 3 卷,人民出版社 1993 年版,第 254—255 页。

破了近 20 多年来"大锅饭"、平均主义对人们思想的禁锢,为社会主义解放生产力、发展生产力开辟了一条"快车道"。

在深化改革和发展社会主义市场经济的过程中,邓小平非常关注沿海同内地之间贫富差距的问题。他提出,要坚持分配的社会主义方向,防止两极分化。中国共产党人心中始终还有一本账,即"先富"和"共富"问题。中国社会主义制度的根本性质决定了中国要避免和防止两极分化,这也是实现共同富裕的根本保证。1984 年 11 月 9 日,邓小平在会见意大利共产党书记处书记巴叶塔时明确提出了"共同富裕"的问题。他指出:"我们党已经决定国家和先进地区共同帮助落后地区。在社会主义制度下,可以让一部分地区先富裕起来,然后带动其他地区共同富裕。"① 1985 年 9 月,中国共产党全国代表会议通过了《中共中央关于制定国民经济和社会发展第七个五年计划的建议》,该建议指出,不断提高人民的物质文化生活水平,使全体社会成员共同富裕,是中国共产党和国家推进社会主义现代化建设的全部政策的基本出发点。1986 年 3 月 28 日,邓小平在会见新西兰总理朗伊时再次强调,"我们坚持走社会主义道路,根本目标是实现共同富裕"。② 这是他第一次把实现共同富裕确定为社会主义的目的和根本目标。此后,共同富裕被写进了党的十三大报告。经过长期奋斗,中国共产党带领全国各族人民,在实践中形成了先富带动后富、逐步实现共同富裕的规律性认识,使人民生活质量有了显著提升。1992 年,邓小平在南方谈话中对社会主义本质进行了精辟概括:"社会主义的本质,是解放

---

① 《邓小平思想年谱(1975—1997)》,中央文献出版社 1998 年版,第 303 页。
② 《邓小平文选》第 3 卷,人民出版社 1993 年版,第 155 页。

生产力,发展生产力,消灭剥削,消除两极分化,最终达到共同富裕。"① 这一年,党的十四大专门提出,要运用包括市场在内的各种调节手段,既鼓励先进,促进效率,合理拉开收入差距,又防止两极分化,逐步实现共同富裕。

1992年的春天,邓小平在深圳仙湖公园亲手种下了一棵榕树。当随行人员介绍到一棵树叫"发财树"时,邓小平接过话头说:"让全国人民都种,让全国人民都发财。"② 实现全体人民共同富裕,是社会主义的题中应有之义,也是中国共产党人最为牵挂的问题。我们要学习邓小平对祖国、对人民的深情大爱,始终为人民利益而奋斗,任何时候任何条件下都忠于祖国、忠于人民,脚踏实地践行党的宗旨,把自己的一生交给党和人民,为党和人民事业鞠躬尽瘁、死而后已。

---

① 《邓小平文选》第3卷,人民出版社1993年版,第373页。
② 《邓小平年谱》第5卷,中央文献出版社2020年版,第634页。

二

向邓小平学习实事求是

邓小平是个什么样的人？这是很多人都想探寻的一个问题。对于这个问题，邓小平用自己的话作了回答。1987 年 3 月 3 日，他在会见美国国务卿舒尔茨时指出："国外有些人过去把我看作是改革派，把别人看作是保守派。我是改革派，不错；如果要说坚持四项基本原则是保守派，我又是保守派。所以，比较正确地说，我是实事求是派。"① 邓小平以一生的实践证明，他是一位高瞻远瞩的思想家、政治家、战略家，也是一位求实、务实、踏实的实干家。实事求是，是邓小平一生最重要的思想特点。

"'两个凡是'不符合马克思主义"

实事求是是中国共产党的思想路线，也是党的优良传统和作风，但其却一度在"文化大革命"中遭到践踏和破坏。面对经历了"文化大革命"十年内乱的中国，在面临向何处去的重大历史关头，邓小平

---

① 《邓小平文选》第 3 卷，人民出版社 1993 年版，第 209 页。

领导全党解放思想，重新确立了实事求是的思想路线。

1978年5月10日，中央党校《理论动态》发表了一篇题为《实践是检验真理的唯一标准》的文章。5月11日，《光明日报》以特约评论员名义公开发表这篇文章，文章鲜明地提出："社会实践不仅是检验真理的标准，而且是唯一的标准。"① 这篇文章所要阐述的基本观点是："两个凡是"不符合马克思主义，应该按照实践的标准，完整准确地理解毛泽东思想。1978年初，之所以会出现一批与"两个凡是"针锋相对的文章，是邓小平复出后领导进行拨乱反正，在实际中逐步纠正"文化大革命"的一些错误做法，营造了一种思想解放的社会氛围的结果。

1977年7月，邓小平重新主持工作，开始逐步纠正"文化大革命"的错误。刚刚复出的邓小平在发表讲话时，就一针见血地指出："群众路线和实事求是这两条是最根本的东西。"② 他在回顾"文化大革命"的历史时痛心地说："我为什么说实事求是在目前重要呢？要搞好我们的党风、军风、民风，关键是要搞好党风。现在，'四人帮'确实把我们的风气搞坏了。'四人帮'的破坏实际上是十年，或者说是十年以上，开始是同林彪结合在一起。他们弄得我们党内同志不敢讲话，尤其不敢讲老实话，弄虚作假。甚至于我们有些老同志也沾染了这些坏习气，这是不应该原谅的啊！"③ 1977年8月18日，邓小平在党的十一大闭幕会上致辞时指出："我们一定要恢复和发扬毛主席为我们党树立的实事求是的优良传统和作风，做老实人，说老实话，

---

① 《中国共产党简史》，人民出版社、中共党史出版社2021年版，第220页。
② 《邓小平年谱》第4卷，中央文献出版社2020年版，第163页。
③ 《邓小平文选》第2卷，人民出版社1994年版，第46页。

三、向邓小平学习实事求是

办老实事，这是一个共产党员的起码标准。"①

然而，一些人却坚持"两个凡是"的错误方针，即"凡是毛主席作出的决策，我们都必须拥护，凡是毛主席的指示，我们要始终不渝地遵循"，②其实质是要继续维护毛泽东晚年的错误，这就完全违背了毛泽东倡导的实事求是的思想路线。如果继续坚持这一错误思想，中国将无法摆正航向，继而从"文化大革命"的错误中走出来。关键时刻，邓小平率先旗帜鲜明地指出，"两个凡是"不行。"两个凡是"不符合马克思主义。坚持"两个凡是"，就是想原封不动地坚持毛泽东晚年的错误思想。坚持"两个凡是"并不是什么真正高举毛泽东思想旗帜，而是割裂、歪曲毛泽东思想，是"形式主义的高举，是假的高举"。③邓小平在这个大是大非的原则问题上为全党敲响了警钟，也为恢复毛泽东思想的本来面目以及重新确立实事求是的思想路线进一步扫清了障碍。

随着各方面拨乱反正的迅速开展，必然要求理论上对这些新实践、新事物、新现象作出解释并提供依据。所以，国内出现了一批正本清源的理论文章，包括邓小平亲自组织写批判"四人帮"炮制的"两个估计"④的文章、关于按劳分配的文章以及他在全国科学大会上的讲话等。这些文章对各个领域里的拨乱反正给予了理论支持，并产生了很大反响。在此背景下，《实践是检验真理的唯一标准》的原作者胡福明萌生出用理论文章阐明"两个凡是"不符合马克思主义的思路。

---

① 《邓小平年谱》第4卷，中央文献出版社2004年版，第182页。
② 《邓小平文选》第2卷，人民出版社1994年版，第420页。
③ 《邓小平文选》第2卷，人民出版社1994年版，第128页。
④ 即"文化大革命"前17年教育战线是资产阶级专了无产阶级的政，是"黑线专政"；知识分子的大多数世界观基本上是资产阶级的，是资产阶级知识分子。

此后，胡耀邦看到了《实践是检验真理的唯一标准》这篇文章，当即组织力量对文章做了进一步修改，并在中央党校《理论动态》上作了发表。1978 年 5 月 11 日，《光明日报》以特约评论员名义公开发表了这篇文章。新华社、《人民日报》和《解放军报》等媒体相继转发，引起了强烈反响。

然而，文章发表后，随之而来的却是责难。1978 年 5 月 17 日，时间仅仅过去不到一周，这篇文章就遭到了点名批评。批评者认为："党内议论纷纷，实际上是把矛头指向主席思想。我们的党报不能这样干"，并责问"这是哪个中央的意见？"表示"要查一查，接受教训，统一认识，下不为例"[1]。文章发表后的一段时间，虽然文章的组织者们受到了很大的压力，但全国有 30 多家报纸仍转载了这篇文章。

邓小平起初并没有注意到这篇文章，他是在听到来自领导层的批评意见后才开始注意的。很快，他就旗帜鲜明地对这篇文章给予了强有力的支持。1978 年 5 月 30 日，邓小平在一次谈话中指出："现在发生了一个问题，连实践是检验真理的标准都成了问题，简直是莫名其妙！"[2] 几天后，他在全军政治工作会议上公开批评了"两个凡是"的观点。邓小平对这场讨论给予了及时的支持。在此基础上，一场关于真理标准问题的大讨论开始以不可阻挡之势在全国展开。

然而，阻力却依然存在。有人以《实践是检验真理的唯一标准》在内的几篇文章为例，指责《人民日报》《光明日报》和新华社等单

---

[1] 柳建辉等：《百炼成钢：中国共产党应对重大困难与风险的历史经验（修订版）》，人民出版社 2021 年版，第 258 页。

[2] 《邓小平年谱》第 4 卷，中央文献出版社 2020 年版，第 320 页。

位负责人党性不强、把关不严。1978 年 7 月 21 日，邓小平再次表态："不要再下禁令、设禁区了，不要再把刚刚开始的生动活泼的政治局面向后拉。"① 8 月 19 日，他在同文化部负责人谈话时指出："我说过《实践是检验真理的唯一标准》这篇文章是马克思主义的，是驳不倒的，我是同意这篇文章的观点的，但有人反对，说是反毛主席的，帽子可大啦。"② 真理往往越辩越明。到 9 月份，中央各部门、全国各省区市以及各大军区的负责人纷纷发表文章或讲话，支持和响应这场大讨论。

开展真理标准问题大讨论的实质是什么？从提倡解放思想、实事求是到强调集中力量发展生产力，邓小平把讨论的实质说得很清楚。在 1978 年 12 月召开的中央工作会议闭幕会上，邓小平谈了自己对真理标准问题讨论的看法："目前进行的关于实践是检验真理的唯一标准问题的讨论，实际上也是要不要解放思想的争论"。③ 他充满感情地说："一个党，一个国家，一个民族，如果一切从本本出发，思想僵化，迷信盛行，那它就不能前进，它的生机就停止了，就要亡党亡国。"④ 在讲话中，邓小平一再重申了真理标准问题讨论的重要意义："关于真理标准问题的争论，的确是个思想路线问题，是个政治问题，是个关系到党和国家的前途和命运的问题。"⑤ 截至 1978 年底，中央和各省级报刊相继刊登了关于真理标准问题讨论的文章近 650 多篇，形成了一场声势浩大的全国讨论热潮。

---

① 《邓小平年谱》第 4 卷，中央文献出版社 2020 年版，第 345 页。
② 《邓小平年谱》第 4 卷，中央文献出版社 2020 年版，第 359 页。
③ 《邓小平文选》第 2 卷，人民出版社 1994 年版，第 143 页。
④ 《邓小平文选》第 2 卷，人民出版社 1994 年版，第 143 页。
⑤ 《邓小平年谱》第 4 卷，中央文献出版社 2020 年版，第 450 页。

在邓小平等中央领导的支持和领导下,真理标准问题的讨论蓬勃开展,形成了一股追求实事求是、思想解放的洪流,对"两个凡是"的禁区形成了强大冲击,从而加快了党和国家走出"文化大革命"阴影的步伐。这场大讨论,后来也被称为中国现代思想史上的一次思想大解放运动,其为中国改革开放的道路探索、理论创新、实践发展奠定了基石。

"一切都要从这个实际出发"

对实事求是,邓小平讲得最多,从第三次复出后一直讲,并且一直讲到南方谈话。他反复强调:"实事求是,一切从实际出发,理论联系实际,坚持实践是检验真理的标准,这就是我们党的思想路线。"实事求是,"是毛泽东思想的出发点、根本点""是无产阶级世界观的基础,是马克思主义的思想基础"[①]"这是马克思主义最起码的原则""是马列主义哲学的概括,是马列主义理论、马列主义方法的概括。它同各种机会主义思想都是完全对立的,包括教条主义、经验主义、'左'的右的机会主义和修正主义"[②]。在发表南方谈话时,他再次强调:"实事求是是马克思主义的精髓。要提倡这个,不要提倡本本。我国改革开放的成功,不是靠本本,而是靠实践,靠实事求是。"[③] 因此,他多次强调"拿事实来说话""要取信于民,要干出实绩""领导

---

① 《邓小平文选》第2卷,人民出版社1994年版,第278、114、143页。
② 《邓小平年谱》第4卷,中央文献出版社2020年版,第329、310页。
③ 《邓小平文选》第3卷,人民出版社1993年版,第382页。

者必须多干实事"①。

邓小平不但对实事求是有着深刻的认识和精辟的阐述,还反复强调要以实事求是来指导实践、推动工作。在革命战争年代,他就善于根据中央精神,并结合当地实际,实事求是地作出克敌制胜的作战方案和根据地建设的方针政策。20世纪60年代初期,面对国家困难,邓小平提醒各级干部要实事求是地说明情况。当时,为了推动恢复和发展生产,他以巨大的勇气提出:"生产关系究竟以什么形式为最好,恐怕要采取这样一种态度,就是哪种形式在哪个地方能够比较容易比较快地恢复和发展农业生产,就采取哪种形式;群众愿意采取哪种形式,就应该采取哪种形式,不合法的使它合法起来。"② 进入改革开放和社会主义现代化建设新时期,邓小平更加强调要坚持彻底的求真务实精神。他指出:"我读的书并不多,就是一条,相信毛主席讲的实事求是。过去我们打仗靠这个,现在搞建设、搞改革也靠这个。"③ "真正的马克思列宁主义者必须根据现在的情况,认识、继承和发展马克思列宁主义。""不以新的思想、观点去继承、发展马克思主义,不是真正的马克思主义者。"④ 面对风云变幻的国际局势和我国来之不易的发展机会,他提出了"一国两制"构想,还提出了不以意识形态、社会制度划线的思想,并及时地调整了中日关系、中美关系、中苏关系。面对姓"社"姓"资"的争论,他强调,要把是否有利于发展社会主义社会的生产力、是否有利于增强社会主义国家的综

---

① 《邓小平文选》第3卷,人民出版社1993年版,第156、299、121页。
② 《邓小平文选》第1卷,人民出版社1994年版,第323页。
③ 《邓小平文选》第3卷,人民出版社1993年版,第382页。
④ 《邓小平文选》第3卷,人民出版社1993年版,第291—292页。

合国力、是否有利于提高人民的生活水平作为判断一切工作是非得失的标准。

此外，邓小平在对中国国情和国家发展阶段的认识上也充分体现了实事求是的精神。

历史经验和教训表明，只有对中国的基本国情即中国社会的性质及所处的发展阶段作出科学的判断，社会主义才会有准确的出发点和现实点。从1956年生产资料所有制的社会主义改造基本完成到1978年党的十一届三中全会之前，中国共产党对中国国情曾做过不少有益探索，但在一段时间内一度夸大了我国所处的发展阶段。在社会主义建设道路上之所以会出现种种曲折，一个重要的原因就在于对我国基本国情作出了错误判断。

中国共产党人提出社会主义初级阶段理论并不是一蹴而就的，而是在长期的实践中逐渐形成的。马克思把资本主义以后的未来社会统称为共产主义社会，并将其分为第一阶段和高级阶段，但却没有具体论述过共产主义第一阶段还有一个较低级的发展阶段。列宁在俄国社会主义实践中看到了社会主义发展的艰巨性，因而提出每一个大的阶段包括若干个小阶段的思想，并提出社会主义社会的生产力将以什么样的速度向前发展，我们现在不得而知。斯大林提出，可以一国建成社会主义，并在1936年宣布苏联已经建成。毛泽东在读苏联《政治经济学教科书》时，把社会主义社会分为两个阶段：第一阶段是不发达的社会主义，第二阶段是比较发达的社会主义。"不发达的社会主义"思想非常可贵，已经非常接近初级阶段的概念。

进入改革开放和社会主义现代化建设新时期，以邓小平同志为主要代表的中国共产党人经过苦苦思索，提出了社会主义初级阶段理论，

三、向邓小平学习实事求是

对社会主义进行了科学定位，回答了什么是社会主义这一长期困扰人们的世纪性难题。社会主义初级阶段最大的实践主题就是发展社会生产力，提高人民生活水平，不断增强综合国力。正是从这个实际出发，邓小平立足当时中国的国情，提出了中国式的现代化和小康目标等新概念，促使全党从科学社会主义关于生产力决定生产关系的基本观点出发来思考如何推动我国社会主义的发展。

早在1975年，在主持全面整顿工作时，邓小平就已经注意到了人均收入的国际比较问题。他实事求是地指出，由于中国人口多，即使生产能力和总产值达到美国的水平，人民的生活水平跟西方的水平仍会存在一个很大的差距。他判断，要赶上或者接近西方的发展水平至少还要50年。在当时中国国内的政治局面下作出这个估计，是一件很不简单的事情。到了1977年，通过充分比较国内外的发展情况，邓小平又进一步指出："我们要承认落后，不要怕丑。""承认落后就有希望"[①]。他以时任国务院副总理谷牧出国考察的情况来作引申，强调党内要对"现代化"保持清醒估计，中国要跟上时代必须实事求是、艰苦奋斗。在这样认识的基础上，1979年3月召开的中央政治局会议和中央经济工作会议实事求是地总结了新中国成立以来经济建设上的"左"的教训，明确了要从国情出发搞现代化建设的思路。这一时期，邓小平提出了"中国式的现代化"的概念，并开始计算20世纪末人均国民生产总值的数字。那年，他到山东、安徽、上海等地开展调查研究，在年底会见日本首相大平正芳时提出了脍炙人口的小康目标设想。所谓"小康"和"中国式的现代化"，用邓小平的

---

① 《邓小平年谱》第4卷，中央文献出版社2020年版，第211页。

话说，就是根据中国实际，实事求是地"把标准放低一点"。从邓小平1975年到1979年对国情的论述以及提出中国式的现代化和小康目标，到1979年中央对经济工作进行全面总结并提出调整任务，这期间，一系列从中国实际出发的政策实践孕育着社会主义初级阶段重大理论的诞生。

1981年6月，党的十一届六中全会通过了《关于建国以来党的若干历史问题的决议》，这一决议不仅指出我国已经建立社会主义制度，进入社会主义社会，还专门强调了我国的社会主义制度还处于初级阶段。1982年9月，党的十二大再一次强调，我国的社会主义社会现在还处在初级发展阶段。1986年9月，党的十二届六中全会作出的《关于社会主义精神文明建设指导方针的决议》中又重申我国还处在社会主义的初级阶段。《关于社会主义精神文明建设指导方针的决议》具体说明了社会主义初级阶段在经济、政治、理想、道德以及文化等方面的主要特征，阐明了社会主义初级阶段必须遵循的原则。这表明，中国共产党对社会主义初级阶段的认识又深化了一步。

1987年10月25日，中国共产党召开了第十三次全国代表大会。党的十三大报告阐明了当代中国正处在社会主义初级阶段，并阐述了社会主义初级阶段理论。在党的十三大报告的起草过程中，邓小平作了重要指导。1987年2月6日，他在同几位中央负责同志的谈话中指出，党的十三大报告要在理论上阐述什么是社会主义，讲清楚我们的改革是不是社会主义。从1987年2月底开始到3月中旬，党中央反复讨论了报告的思路、结构和主要内容。3月21日，党中央向邓小平报送了《关于草拟十三大报告大纲的设想》，其中提到："大家都认为，这个文件，关系重大，一定要写好，要把三中全会以来我们建设有中国特色的社会主义的路线写清楚,写出分量来。"① 4 天之后,邓小平对这个设想作出批示:"这个设计好。"② 党的十三大召开之前,邓小平在各种场合多次对初级阶段的理论进行了论述,并精辟地概括社会主义初级阶段的含义,认为社会主义本身是共产主义的初级阶段,而中国又处在社会主义的初级阶段,就是不发达阶段。他强调,"一切都要从这个实际出发",并"根据这个实际来制订规划"。③

根据邓小平的这个思想,党中央决定,把社会主义初级阶段理论作为党的十三大报告的立论基础,对这个理论作了专门而又系统的阐发。社会主义初级阶段就是指我国在生产力落后、商品经济不发达条件下建设社会主义必然要经历的特定阶段,即从我国进入社会主义到基本实现社会主义现代化的整个历史阶段。社会主义初级阶段的论断包括两层含义:第一,我国已经进入社会主义社会;第二,我国的社会主义社会还处在不发达的阶段。我们必须坚持而不能离开社会主义,必须正视而不能超越初级阶段。

邓小平高度肯定了党的十三大对社会主义初级阶段的理论表述。在1992年的南方谈话中,他提醒全党必须重视社会主义初级阶段这一历史现实。他指出:"我们搞社会主义才几十年,还处在初级阶段。巩固和发展社会主义制度,还需要一个很长的历史阶段,需要我们几代人、十几代人、甚至几十代人坚持不懈地努力奋斗,决不能掉以轻心。"④

---

① 中共中央文献研究室编:《十二大以来重要文献选编》(下),中央文献出版社2011年版,第239页。
② 中共中央文献研究室邓小平研究组编:《邓小平画传》,四川出版集团、四川人民出版社2004年版,第346页。
③ 《邓小平文选》第3卷,人民出版社1993年版,第252页。
④ 《邓小平文选》第3卷,人民出版社1993年版,第379—380页。

社会主义初级阶段理论的创立和发展，解决了经济文化比较落后的国家进入社会主义社会之后的历史方位、主要矛盾和根本任务等重大问题，与"左"、右倾错误划清了界限。这是中国共产党的重大理论创新，也是中国特色社会主义理论的逻辑起点和重要组成部分。它既是对马克思列宁主义、毛泽东思想的重大发展，也是对世界社会主义的重大贡献。

"我们穷，为什么要讲排场呢？"

邓小平对中国国情曾有一个生动比喻："一个人本来长得不漂亮，要打扮成一个美人，那是不行的。"① 认清中国发展的真实状况，就是邓小平所提倡的实事求是的具体表现。一切从实际出发，这个朴实的道理，是我国在走了历史弯路后全党全国人民的共识。面对改革开放之初百废待兴的基本国情和一日千里的世界形势，邓小平清晰地指出，中国穷，底子薄，教育、科学、文化都落后，这就决定了我们还要有一个艰苦奋斗的过程。

无论是个人生活还是针对国家事务，邓小平都一贯反对铺张浪费、大搞排场。他的态度是：我们穷，为什么要讲排场呢？本来穷，就别摆富样子，好起来再说。对一些浪费资金讲排场搞形式主义的活动，邓小平曾多次作出批示，其主要精神就是强调节约。比如，1978年9月上旬，他对《情况汇编》上刊登的北京一个市民反映"十一"国庆节游园活动浪费资金、建议厉行节约的文章作出批示：不搞好。1978

---

① 《邓小平年谱》第4卷，中央文献出版社2020年版，第676页。

年12月16日，他在《关于筹备纪念红四军入闽、古田会议召开五十周年的请示报告》上作出批示：只搞小型活动，花几百万元不应该，不如将这笔钱移作支持老根据地的建设。1980年3月30日，邓小平就南京军区准备建造豪华高干招待所一事作出批示："由中央办公厅查证，并制止"。① 4月16日，他在审阅中共江苏省委负责人关于南京军区建造接待用房的有关情况的说明时作出批示："可以继续建成，建成后拨作旅游事业使用。设计亦按旅游标准修改。军队内部不应该有这样豪华的招待所。"② 从邓小平留下的一份份亲笔批示中就可以直观地看出他提倡艰苦奋斗以及反对党员、干部搞特殊化的鲜明特点。

邓小平在工作中也提倡不搞形式主义，要求开短会、讲短话，主张不开空话连篇的会，不发离题万里的议论。1980年2月29日，他在党的十一届五中全会第三次会议上指出："我希望，从重新建立书记处开始，中央和国务院要带头搞集体办公制度，不要再光画圈圈了。""开会要开小会，开短会，不开无准备的会。会上讲短话，话不离题。议这个问题，你就对这个问题发表意见，赞成或反对，讲理由，扼要一点；没有话就把嘴巴一闭。不开空话连篇的会，不发离题万里的议论。即使开短会、集体办公，如果一件事情老是议过去议过来，那也不得了。总之，开会、讲话都要解决问题。"③

1992年初，邓小平出发去广东视察。1月18日，列车到达武昌。在站台上，他对湖北省领导发表了讲话：

---

① 《邓小平年谱》第4卷，中央文献出版社2020年版，第613页。
② 《邓小平年谱》第4卷，中央文献出版社2020年版，第613页。
③ 《邓小平文选》第2卷，人民出版社1994年版，第282—283页。

现在有一个问题，就是形式主义太多。电视一打开，尽是会议。会议多，文章太长，讲话也太长，而且内容重复，新的语言并不很多。重复的话要讲，但要精简。形式主义也是官僚主义。要腾出时间来多办实事，多做少说。毛主席不开长会，文章短而精，讲话也很精练。周总理四届人大的报告，毛主席指定我起草，要求不超过五千字，我完成了任务。五千字，不是也很管用吗？我建议抓一下这个问题。①

邓小平指的这份报告，是 1975 年 1 月四届全国人大一次会议上由周恩来所作的《政府工作报告》。由于那时周恩来已经病重，在毛泽东和周恩来的指示下，主持起草《政府工作报告》的重任就落到了邓小平肩上。考虑到周恩来的病情，由邓小平建议并报毛泽东批准，决定把《政府工作报告》限定在 5000 字。此时，距离第三届全国人民代表大会第一次会议闭幕已经过去了十年，有太多问题和工作要讲。在这么短的篇幅中要说清楚这么多问题，写作难度可想而知。最终，邓小平主持起草的《政府工作报告》只有 5100 字，却将要讲的"实现四个现代化"的中心意思表达得清楚明白，并且照顾到了方方面面。

邓小平极富有个人风格的语言习惯，也充分反映出他坚持实事求是、反对形式主义的特点。英国前首相希思曾这样评价邓小平：我很享受和邓小平的交谈，而且发现他在陈述自己的观点时既坦率又直接。我讲什么，他看起来也总是乐于接受。对直截了当的提问，他答得也直截了当。事实也的确如此，当女儿邓榕问邓小平长征时期都干了些

---

① 参见《邓小平文选》第 3 卷，人民出版社 1993 年版，第 381—382 页。

什么时，他只回答了三个字：跟到（着）走。当女儿问邓小平在太行山时期又做了什么时，他只回答说：吃苦。在被问到如何评价刘邓大军时，他回答道：合格。1973年，邓小平从江西回到北京，毛泽东问他在江西时都做了些什么时，他只回答了两个字：等待。加拿大前总理特鲁多在自己遭遇政治上的逆境时，曾向邓小平请教"三落三起"终能重返政坛的秘诀是什么，对此，邓小平只用了忍耐两个字回答他。

在回答和阐释中国社会主义建设的目标时，邓小平的解释更是通俗易懂：他只用了"小康社会"四个字。这个概念是他在1979年会见时任日本首相大平正芳时第一次提出的。邓小平后来又多次对"小康"的概念给予了阐释：现在我们搞四个现代化建设，提的目标就是争取20年翻两番。到20世纪末人均国民生产总值达到八百到一千美元，进入小康社会。"小康"一词的引入，具体而形象地将中国人千百年来的理想生活与每个现代中国人的现实生活紧密地结合在了一起。至于什么是小康社会，邓小平在1986年会见荣氏亲属回国观光团时曾形象地将其概括为：虽不富裕，但日子好过。这种形象化的语言既具体又生动，使得老百姓对于现代化建设的目标一下子有了更清晰的认识，也使得宏大的国家建设目标一下子成为亿万人可望企及的梦想。

"问数字" "爱算账"

在了解情况、制定决策的过程中，真正做到实事求是，掌握准确、全面的数据是非常重要的。爱问数字，喜欢算账，并据以分析情况、作出判断，正是邓小平的工作特点。他的女儿邓榕就曾说过，"邓小平有个特点，喜欢问数字，爱算账。邓小平善于到实践中去摸清底数，从而总揽全局，谋划长远。他曾说过："以老老实实的态度认识我们的新情况，提出解决问题的新办法……老实的态度，倒是可以改善我们的工作，发展我们的国家。不认识自己，没有希望。"①

在邓小平波澜壮阔的革命生涯中，善于"算账"的例子随处可见。在戎马倥偬的岁月，他就善于用算账的办法来分析敌我力量。1948年4月25日，刘邓大军已经在大别山区奋战9个月。由于前后仅歼敌四个旅，因此有个别的人怀疑是否局面变坏了。邓小平在著名的鲁山报告中认为，这种看法是不对的。他指出，其实只要好好地算算账，就会懂得的。接着，他用数字分析总结了挺进中原后的形势：首先，"从战略上我们由防御转为进攻，前进了一千里，占领了四千五百万人口的区域""在敌人控制的三万万人口里面，去掉了将近六分之一"。其次，从消灭敌人的数目看，"全国战场自一九四六年七月到一九四八年二月，共歼敌将近二百一十万人，三月份至少歼敌十几万人""我们吃了苦头，但是换得了更大的胜利，对敌人的打击更沉重了"。邓小平经过"算账"后得出结论："从总体上说，力量比过去大了。"② 随后，他又用"算账"的方式提出了对工商业的政策策略："说不让资本家剥削，听起来是革命思想，一算账就知道这不是革命思想，并可使革命遭受失败。我大军在中原，几十万人要吃饭，要穿衣，不注意工商业，根本不能维持。"③ 正是根据这种精密计算，中原战场上我军制定出正确的政策策略，最终夺取了反攻的胜利。

新中国成立后，我国开始进行社会主义革命，推进社会主义建设

---

① 《邓小平年谱》第4卷，中央文献出版社2020年版，第676页。
② 《邓小平文选》第1卷，人民出版社1994年版，第98页。
③ 《邓小平文选》第1卷，人民出版社1994年版，第106页。

的伟大历程。作为党的第一代中央领导集体的重要成员,邓小平为探索社会主义建设规律和提高人民生活水平付出了不懈的努力。在这一过程中,"算账"依然是他决策的重要手段。1954年1月13日,当时兼任财政部长的邓小平就曾告诫过全国财政厅局长们:数字中有政策,决定数字就是决定政策。1961年7月14日,为进一步讨论《国营工业管理工作条例(草案)》,邓小平亲率调查组到东北,就工矿企业和城市工作、人民生活等问题进行调查研究。在这次调查中,邓小平对职工的生活关心得最多,也说得最多。在哈尔滨,他问油田领导同志:"职工生活如何?一个月吃多少钱?"这位同志回答:"按过去一个月十三四元就够了,最近来了一批进口面粉,每斤三角二分,这样花钱就多了,低工资工人很紧。"① 邓小平当即表示,进口面粉也不能抬高物价,要按国内的价格调拨。几天后,他在听取沈阳市群众生活情况的汇报时又强调:要算算账,研究解决副食品问题的出路。无非是搞白菜、干菜、酱菜、豆类、水产。稳定情绪,必须从副食品着手。

进入改革开放和社会主义现代化建设新时期,作为党的第二代中央领导集体的核心,作为中国社会主义改革开放和现代化建设的总设计师,邓小平脑中的"算盘"打得更加精细了。这一时期,在他通过"算账"作出重大决策的例子中,最典型的当数他为实现"三步走"而一次又一次地"算账"。

1978年前后,邓小平频繁出访。通过实地考察、反复询问,他不断计算着中国与世界的实际差距。随后,他提出了"中国式的现代

---

① 中共中央文献研究室编:《回忆邓小平》(下),中央文献出版社1998年版,第559页。

化"的概念，即到20世纪末达到发达国家20世纪70年代的水平。邓小平估计，到20世纪末，我们的人均国民生产总值能达到1000美元左右。那么，他是怎样"算"出这个数字的呢？1979年10月4日，邓小平在省、市、自治区党委第一书记座谈会上公布了自己"算账"的经过："据澳大利亚的一个统计材料说，一九七七年，美国的国民生产总值按人口平均为八千七百多美元，占世界第五位。第一位是科威特，一万一千多美元。第二位是瑞士，一万美元。第三位是瑞典，九千四百多美元。第四位是挪威，八千八百多美元。我们到本世纪末国民生产总值能不能达到人均上千美元？"①

在得出人均国民生产总值达到1000美元的标准后，邓小平认为，这笔账还远没有算完，因为对于这个目标能否达到还未可知。为此，1980年6月至7月，他先后到陕西、四川、湖北、河南等地进行考察。他在同河南省委负责同志谈话时指出："对如何实现小康，我作了一些调查，让江苏、广东、山东、湖北、东北三省等省份，一个省一个省算账。""你们河南地处中原，你们算账的数字是'中原标准'、'中州标准'，有一定的代表性。"② 考察期间，他反复地说"要认真算账"③。经过实地考察和计算，邓小平感到，到20世纪末人均国民生产总值达到1000美元的目标可能难以达到，于是又作了调整。1981年4月14日，他在会见外宾时介绍说："经过这一时期的摸索，看来达到一千美元也不容易，比如说八百、九百，就算八百，也算是一个

---

① 《邓小平文选》第2卷，人民出版社1994年版，第194页。
② 《邓小平年谱》第4卷，中央文献出版社2020年版，第659页。
③ 中共中央文献研究室编：《回忆邓小平》（上），中央文献出版社1998年版，第143页。

小康生活了。"① 因此，邓小平提出，到 20 世纪末人均国民生产总值争取达到 1000 美元，最低达到 800 美元。目标确定后，他又开始计算其能否按时实现。1983 年 2 月，邓小平到江苏、浙江、上海等地进行考察。在十多天的时间里，他反复询问的问题是：到 2000 年，能不能实现翻两番？有没有信心？人均 800 美元，达到这样的水平，社会上是一个什么面貌？邓小平立足中国国情，通过算清账，提出了适合中国的发展战略，使中国各地呈现出良好的发展态势和一片喜气洋洋的气象。

在不断完善小康社会目标的基础上，邓小平开始进一步思考中国下一个世纪的发展目标。1987 年 4 月 16 日，他在会见香港特别行政区基本法起草委员会委员时算了这样一笔账："到本世纪末，中国人均国民生产总值将达到八百至一千美元，看来一千美元是有希望的。世界上一百几十个国家，那时我们恐怕还是在五十名以下吧，但是我们国家的力量就不同了。那时人口是十二亿至十二亿五千万，国民生产总值就是一万至一万二千亿美元了。"② 接着，他又指出，更重要的是，有了这个基础，再翻两番，达到人均 4000 美元的水平，在世界上虽然还是在几十名以下，但是中国那时 15 亿人口，国民生产总值就是 6 万亿美元，这个数字肯定是居世界前列的。

从上面几个事例中可以看出，邓小平将"算账"这样一个日常的生活行为发挥成了独具特色的决策手段，并通过不断的、精心的计算，制定出了一系列正确、可靠的重大决策，从而深刻地改变了中国的面貌。

---

① 《邓小平年谱》第 5 卷，中央文献出版社 2020 年版，第 30 页。
② 《邓小平文选》第 3 卷，人民出版社 1993 年版，第 215—216 页。

邓小平实事求是、求真务实的作风给所有与其接触过的人留下了深刻印象。美国学者石池雨认为，邓小平是务实风格的典范，并提出邓小平是位有务实个性的领导人，几乎已没有什么疑问。美国前国务卿基辛格认为，邓小平是做得比说得多的少数几位政治家之一。英籍著名华人作家韩素音说，邓小平最伟大的品质是顽强和讲究实际。原苏联第一副总理阿尔希波夫曾以苏联专家总顾问的身份在中国工作多年，和邓小平等中国领导人结下了深厚的个人友谊。他在谈到邓小平时一再使用了"伟大"一词，认为邓小平精力充沛、严谨，是一位实干家。他非常赞赏邓小平提出的"不论白猫黑猫，能抓住老鼠就是好猫"这一生动、形象而又充满务实精神的论断。日本著名学者竹内实认为，邓小平不是虚无主义者，而是精力充沛的、勤奋的现实主义者。加拿大前总理克雷蒂安说，邓小平的远见和务实作风改变了中国。正是因为具有这些彻底的求真务实精神，邓小平才能果断从容处理党和国家面对的一系列重大问题，指导党和人民劈波斩浪，开创了党和国家事业发展新局面。学习邓小平，就要学习他善于运用辩证唯物主义和历史唯物主义观察世界、处理问题的思想方法和领导艺术，通过掌握真实情况、把握客观规律，发扬务实高效、不尚空谈的工作作风。只要我们真正掌握了实事求是这个马克思主义的精髓，就一定能够有效应对好严峻复杂的国际形势和接踵而至的巨大风险挑战，进而不断把中国特色社会主义伟大事业推向前进。

四

向邓小平学习开拓创新

  作为中国社会主义改革开放和现代化建设的总设计师、中国特色社会主义道路的开创者，邓小平的丰功伟绩，是同他的开拓创新精神联系在一起的。美国前国务卿基辛格曾对邓小平说："我知道中国有人比你更年轻，但我不知道，在中国还有人比你更有活力。"① 2014年8月20日，习近平总书记在纪念邓小平同志诞辰110周年座谈会上的讲话中指出："综观邓小平同志70多年的革命生涯，可以清楚地看到，他身上始终洋溢着一种革故鼎新、一往无前的勇气，一种善于创造性思维、善于打开新局面的锐气。"② 开拓创新，是邓小平一生最鲜明的领导风范。

开辟新时期新道路、开创新理论的"宣言书"

  为探索社会主义建设的道路，中国共产党人付出了艰辛的努力，

---

  ① 高屹：《为中国描绘光明的未来——基辛格对邓小平的回忆和评说》，《人民日报》1997年2月26日。
  ② 习近平：《在纪念邓小平同志诞辰110周年座谈会上的讲话》，《人民日报》2014年8月21日。

其中既有成功的经验，也有沉痛的代价。自20世纪50年代后期起，我们对社会主义道路进行了探索和调整，其间，中国曾片面追求提高生产资料公有化的程度，脱离了中国社会生产力的发展水平，违背了经济和社会发展的客观规律，使党探索中国社会主义建设道路的良好开端遭受挫折。

粉碎"四人帮"以后，中国处在向何处去的重大历史关头。对未来胸怀憧憬的人们，此刻都盼望着党能够带领人民拨正历史航向，盼望着中国的形势能够一天天好起来。

在党和人民的期盼中，第三次复出的邓小平以其高瞻远瞩的开拓思维，着力引导人们解放思想、积极向前。面对紧迫的时局，他在反复思考着一个大问题：什么是社会主义？为摸清国情，邓小平先后到广东和四川等地考察。实际调研的情况令他忧心忡忡：中国虽然搞了几十年的社会主义，但仍然十分落后，人民仍然处于穷困状态。1977年12月26日，邓小平在会见澳大利亚共产党（马列）主席希尔和夫人乔伊斯的谈话中指出："人民生活水平不是改善而是后退叫优越性吗？如果这叫社会主义优越性，这样的社会主义我们也可以不要。"①1978年3月，邓小平在出席国务院第一次全体会议时急切地说："什么叫社会主义，社会主义总是要表现它的优越性嘛。"② 通过反思过去一个时期社会主义建设的经验和教训，邓小平作出重要判断：社会主义的优越性总要通过生产的发展和人民生活的提高来体现，这是最起码的标准。

中国的发展中从来没有出现过的新情况就这样摆在了我们党的面

---

① 《邓小平年谱》第4卷，中央文献出版社2020年版，第250页。
② 《邓小平年谱》第4卷，中央文献出版社2020年版，第277页。

四、向邓小平学习开拓创新

前，这就需要中国共产党人鼓起勇气去开拓、发挥力量去创造。1978年9月，邓小平在访问朝鲜回国途中视察了东北三省。当时，正处在揭批"四人帮"第三战役的高潮，这项工作自然是每个单位向邓小平汇报的重点。出人意料的是，邓小平关注的重点并不在这方面。他走一路、看一路、说一路，号召要完整准确地掌握毛泽东思想，积极解放思想，冲破"两个凡是"的思想禁锢，集中精力发展生产力，一心一意搞现代化建设。邓小平的一系列谈话，对解放思想和冲破"两个凡是"的禁区，对改革开放和加快发展生产力，作了一次重要的思想发动，被誉为"党的工作重点转移的先声"。

此后，经过深入思考，邓小平亮出了治党治国的新观点和新战略。1978年11月10日至12月15日，中共中央在北京召开工作会议，为党的十一届三中全会的召开做相关的准备。会议原定议题包括讨论农业问题，商定1979年、1980年国民经济计划的安排和讨论李先念在国务院务虚会上的讲话。会议开始时，邓小平正在东南亚访问。根据他会前的提议，在会议进入正式议题之前，先用两三天时间讨论工作重点的转移问题。

接下来发生的事情证明，正是邓小平对全党工作重点转移问题的首倡和提议，才使历史转折得以实现。起初，会议议程并没有提及真理标准问题讨论、思想路线转变的问题，也没有提到冤假错案平反的问题。许多同志不满意会议议题的安排，认为大是大非的问题得不到解决，是不可能真正实现工作重心转移的。11月11日，在分组讨论中①，有人提出了"天安门事件"等重大错案的平反问题。11月12

---

① 这次中央工作会议在召开过程中按区域分了6个组：东北组、华北组、西北组、西南组、中南组和华南组。

日,在东北组讨论中,陈云在第一次发言中就突破了原定的议题,提出了为"薄一波等六十一人叛徒集团"案平反、为"天安门事件"平反和关于陶铸、彭德怀的结论等六个重大历史遗留问题。第二天,陈云发言的简报发到代表手中,人们纷纷敞开心扉,讲出了憋在心里多年的话。会议气氛也随之转变,原定20天的会议开了整整36天。胡耀邦后来说,这次会议的发言简报估计有150多万字,相当于两部《红楼梦》、近三部《三国演义》。

在陈云提出的六大问题中,最引人关注的是"天安门事件",这是两年多以前发生的事,同时也是与邓小平密切相关的一个问题。"天安门事件"是一个冤案,实际上也是一次思想解放运动,它唤起了人民群众的觉醒,使人们认识到持续10年的"文化大革命"给中国造成了深重灾难。人们希望恢复社会秩序和执行正确的路线方针政策,并把希望寄托在1975年虽短暂主持中央工作但取得巨大成效的邓小平身上。邓小平第三次复出后,"天安门事件"和"反击右倾翻案风"并没有马上得到平反。在1977年的中央工作会议上就曾提出过"天安门事件"问题的陈云,再次在1978年的中央工作会议上提出这个问题。此时,历史的巨大潮流再也无法阻挡。经中央同意,1978年11月14日,中共北京市委宣布:1976年清明节,广大群众到天安门广场沉痛悼念敬爱的周总理,愤怒声讨"四人帮",完全是革命行动。对于因悼念周总理、反对"四人帮"而受到迫害的同志要一律平反,恢复名誉。

邓小平一直密切关注着会议的进展。为"天安门事件"平反的当晚,他结束了对新加坡的访问回到北京。11月25日,他在听取北京市委负责人和共青团中央负责人汇报时,得知"天安门事件"平反后群众的反映和北京市街头大字报的情况时指出:"群众反应强烈,大家很高兴,热烈拥护,情况是很好的。""现在,有的人提出一些历史问题,有些历史问题要解决,不解决就会使很多人背包袱,不能轻装前进。有些历史问题,在一定的历史时期内不能勉强去解决。"① 向未来看,一贯是邓小平思考问题的方向。这也是他为什么每每能够前瞻性、开创性地提出重要意见的原因之一。

中途参加会议的邓小平逐渐成为会场内外的主角,他的谈话经过传播发挥了重要作用,他的思路逐渐为党内所接受。同时,在历史转折关头,许多新的情况、新的问题凸显出来,需要党的领导人抓住机遇,指明前进的方向。会前,他曾委托胡乔木等着重围绕党的工作重点转移问题帮他起草过一个讲话稿。12月初,根据会场内外形势的变化情况,邓小平让胡乔木等人重新起草他的讲话稿,并且亲笔拟出了3页纸共400多字的讲话提纲。在约见起草组成员的过程中,他就讲话稿的主题、内容、文字和结构进一步发表了意见。他指出,"要解放思想,开动机器,一切向前看"。②

1978年12月13日,在中央工作会议闭幕会上,邓小平发表了《解放思想,实事求是,团结一致向前看》的著名讲话。他指出:"解放思想,开动脑筋,实事求是,团结一致向前看,首先是解放思想。只有思想解放了,我们才能正确地以马列主义、毛泽东思想为指导,解决过去遗留的问题,解决新出现的一系列问题,正确地改革同生产力迅速发展不相适应的生产关系和上层建筑,根据我国的实际情况,

---

① 《邓小平年谱》第4卷,中央文献出版社2020年版,第435页。
② 《邓小平年谱》第4卷,中央文献出版社2020年版,第448页。

确定实现四个现代化的具体道路、方针、方法和措施。"① 邓小平的这篇讲话实际上成为了之后召开的党的十一届三中全会的主题报告。后来,这篇讲话被收入《邓小平文选》第二卷中,成为一篇经典文献,并被称为开辟新时期新道路、开创建设有中国特色社会主义新理论的宣言书。其中,要"解放思想""向前看"以及"解决新问题"等观点,成为了新时期中国社会主义建设中鲜明的特点。

在中央工作会议取得的重大成果基础上,1978年12月18日至22日,党的十一届三中全会在北京京西宾馆举行。由于已经有了中央工作会议的充分准备,这次具有历史转折意义的重要会议只开了5天,顺利得令人吃惊,仿佛是瓜熟蒂落、水到渠成一般。12月22日,大会宣布:全党工作的着重点应该从1979年转移到社会主义现代化建设上来。这一决定彻底结束了"以阶级斗争为纲"的错误方针。大会作出了改革开放的战略决策,开启了中国社会主义现代化建设新的征程。邓小平用其卓尔不凡的创新性眼光,为中国社会主义的发展埋下了"改革和发展"的宝贵种子。

"改革开放胆子要大一些"

改革是中国的第二次革命,改革开放是一次前无古人的伟大事业。邓小平以其卓越的智慧和极富特点的创新精神领导了这次改革。当中国在邓小平"贫穷不是社会主义,发展太慢也不是社会主义"② 的呐喊声中惊醒时,却不得不面对这样一个现实:曾经在新中国成立初期发

---

① 《邓小平文选》第2卷,人民出版社1994年版,第141页。
② 《邓小平文选》第3卷,人民出版社1993年版,第255页。

四、向邓小平学习开拓创新

挥过重要作用的高度集中的计划经济体制，已经逐渐成为进一步发展生产力的障碍。作为急迫的任务，改革被摆在了中国的历史进程面前。

1975 年，邓小平在领导全国大刀阔斧的整顿工作期间就曾斩钉截铁地指出："现在问题相当多，要解决，没有一股劲不行。要敢字当头，横下一条心。"① 1977 年复出后，面对长期形成的思想禁锢状况，邓小平鲜明提出，不能"书上没有的，文件上没有的，领导人没有讲过的，就不敢多说一句话，多做一件事，一切照抄照搬照转"②。1978 年 10 月 11 日，中国工会第九次全国代表大会在北京召开。邓小平代表党中央、国务院致辞，第一次发出了改革的号召。他指出："实现四个现代化，是一场根本改变我国经济和技术落后面貌，进一步巩固无产阶级专政的伟大革命""因此，各条经济战线不仅需要进行技术上的重大改革，而且需要进行制度上、组织上的重大改革。"③ 一个月后，邓小平亲自审定了这篇即将公开发表的文稿，并专门加上了"进行这些改革，是全国人民的长远利益所在，否则，我们不能摆脱目前生产技术和生产管理的落后状态"④ 等关于经济体制改革的重要论述。

在不久后召开的中共中央工作会议的闭幕会上，邓小平在《解放思想，实事求是，团结一致向前看》的报告中进一步对实行经济体制改革进行了精辟阐述。他指出："如果现在再不实行改革，我们的现代化事业和社会主义事业就会被葬送。"⑤ 在这个历史转折的前夕，邓小平适时地提出了经济体制改革的任务和步骤："现在我国的经济管

---

① 《邓小平文选》第 2 卷，人民出版社 1994 年版，第 35 页。
② 《邓小平文选》第 2 卷，人民出版社 1994 年版，第 142 页。
③ 《邓小平文选》第 2 卷，人民出版社 1994 年版，第 135—136 页。
④ 《邓小平文选》第 2 卷，人民出版社 1994 年版，第 136 页。
⑤ 《邓小平文选》第 2 卷，人民出版社 1994 年版，第 150 页。

理体制权力过于集中，应该有计划地大胆下放，否则不利于充分发挥国家、地方、企业和劳动者个人四个方面的积极性，也不利于实行现代化的经济管理和提高劳动生产率。"① 可以看出，邓小平在引导中国共产党恢复解放思想、实事求是的思想路线的同时，已经为经济体制的改革作出了比较明确的部署和规划。虽然这还是初步的，但其标志着中国的历史行程已开始进入了一个新的阶段。随后，党的十一届三中全会把邓小平的远见卓识变为具体决定，实现了伟大的历史转折，作出了实行对内改革、对外开放的伟大决策。自此，又一场改变中国贫穷落后面貌的伟大事业拉开了序幕，邓小平精心设计的中国改革之船扬帆起航了。

党的十一届三中全会以后，中国的改革率先从农村开启，而农村改革所取得的历史性突破又是从安徽首先开始的。1978年，受真理标准问题大讨论的启发，全国许多地方的农民自发地冲破了"一大二公"的人民公社体制，创造了多种的生产责任制形式，并逐渐演变成以"大包干"为主的家庭联产承包责任制，农民的生产积极性空前提高。虽然这些生产责任制的形式不是邓小平设计的，但农村改革毫无疑问是在邓小平强调解放思想和实事求是的大环境中萌发的。

邓小平胸怀敢于开拓创新的政治勇气，细心观察着新的实践和新的发展。他不仅尊重地方、基层、群众首创精神，还在农村改革最困难的时候发表了一系列重要谈话，支持了农村改革。在邓小平的指导下，中央连续发出五个"一号文件"，引导农村改革走向深入。农村改革调动了亿万农民的生产积极性，解放了农村生产力，使农业生产

---

① 《邓小平文选》第2卷，人民出版社1994年版，第145页。

迅速扭转了长期徘徊不前的局面。1979年至1984年，农业总产值以年均7.3%的速度增长，平均每年增产粮食171亿公斤。1984年，粮食产量达到4073亿公斤，人均393公斤，接近世界人均水平。农村改革还带来了乡镇企业的异军突起，一大批农村劳动力从土地中被解放出来，开始进军工业、商业和服务业。浙江萧山万向节厂的鲁冠球与乡政府签订厂长个人风险承包合同，将这家乡镇企业从小作坊逐步发展为第一个进入美国市场的中国汽车零部件企业。此后，乡镇企业开始以令人惊异的速度和规模改变着中国农村的面貌。到1987年，乡镇企业产值达到4764亿元，第一次超过农业总产值，这是农村经济的一个历史性变化。

农村的经济改革是党从实际出发，及时总结农民的创新创造，因势利导不断加以推进的成功实践。拥有几亿人口的中国农村，比较顺利地实现了如此深刻的社会变革，对于农村经济和整个国民经济的发展和其他领域的改革都产生了深远影响。然而，农村的问题解决了，并不意味着中国的问题就解决了。

党的十一届三中全会后，在借鉴农村改革中扩大生产和经营自主权经验的基础上，以扩大企业自主权为主要内容的城市经济体制改革逐步在全国推开。1987年6月12日，邓小平在会见南斯拉夫共产主义者联盟中央主席团委员科罗舍茨时曾回忆起了这段时光："农村改革的成功增加了我们的信心，我们把农村改革的经验运用到城市，进行以城市为重点的全面经济体制改革。"①

1979年5月，首都钢铁公司、天津自行车厂、上海柴油机厂等8

---

① 《邓小平文选》第3卷，人民出版社1993年版，第238—239页。

家大型企业开始进行改革试点。到 1980 年 6 月，参与改革的企业增至 6600 个。扩大企业自主权改革，在传统的计划经济体制上打开一个缺口，初步改变了过去只按国家指令性计划生产，不了解市场需要、不关心产品销路、不关心盈利亏损的状况，增强了企业的自主经营意识和市场意识。在扩大企业自主权的基础上，城市改革逐步推向经济责任制、商业流通体制和所有制结构的改革等方面。1979 年至 1982 年进行的城市经济体制改革试点仅仅是一个开始。虽然已不同程度地触及了对城市经济体制存在的主要弊端，但要从根本上解决问题，还必须继续改革。

为适应改革从农村向城市发展的新形势，1984 年 10 月召开的党的十二届三中全会通过了《关于经济体制改革的决定》。该决定总结了党的十一届三中全会以来经济体制改革的经验，比较系统地提出和阐明了经济体制改革中的一系列重大理论和实践问题。10 月 22 日，邓小平在中央顾问委员会第三次全体会议上谈到《关于经济体制改革的决定》时指出：

> 这次经济体制改革的文件好，就是解释了什么是社会主义，有些是我们老祖宗没有说过的话，有些新话。我看讲清楚了。过去我们不可能写出这样的文件，没有前几年的实践不可能写出这样的文件。写出来，也很不容易通过，会被看作"异端"。我们用自己的实践回答了新情况下出现的一些新问题。①

---

① 参见《邓小平文选》第 3 卷，人民出版社 1993 年版，第 91 页。

在这段谈话中，邓小平提及了"新话""新情况"和"新问题"等词语。确实，城市经济改革比农村经济改革的难度要大。城市从结构和组成上都要比农村复杂得多。对此，党的十二届三中全会把增强企业活力特别是全民所有制大中型企业的活力作为以城市为重点的经济体制改革的中心环节。通过紧紧围绕搞活企业这个中心环节，城市改革在财政、税收、金融、商业、劳动工资等方面也有不同程度的进展。通过改革，城市经济生活出现前所未有的活跃局面。

农村改革和城市改革取得成功之后，邓小平没有停下思考。他果断抓住时机，在中国推进全面改革。继1984年党的十二届三中全会通过《关于经济体制改革的决定》后，1985年，中央又相继作出了《关于科技体制改革的决定》和《关于教育体制改革的决定》等一系列决定。在领导中国实行改革开放进程中，邓小平始终站在思想解放的最前沿，并谆谆告诫全党："世界形势日新月异，特别是现代科学技术发展很快。现在的一年抵得上过去古老社会几十年、上百年甚至更长的时间。不以新的思想、观点去继承、发展马克思主义，不是真正的马克思主义者。"[①]"一个党，一个国家，一个民族，如果一切从本本出发，思想僵化，迷信盛行，那它就不能前进，它的生机就停止了，就要亡党亡国。"[②] 此外，他还在涉及姓"社"姓"资"等一系列重大敏感问题上屡屡发声，比如强调多搞点"三资"企业，不要怕；计划多一点还是市场多一点，不是社会主义与资本主义的本质区别；证券、股市，这些东西究竟好不好，有没有危险，是不是资本主义独有的东西，社会主义能不能用？允许看，但要坚决地试。正是在他的引

[①] 《邓小平文选》第3卷，人民出版社1993年版，第291—292页。
[②] 《邓小平文选》第2卷，人民出版社1994年版，第143页。

领下，中国改革开放不断突破观念体制障碍，越过一个个激流险滩。邓小平第一次比较系统地初步回答了在中国这样经济文化比较落后的国家如何建设社会主义、如何巩固和发展社会主义的一系列基本问题，深刻揭示了社会主义的本质，实现了马克思主义同中国实际相结合的又一次历史性飞跃。正是由于有邓小平的卓越领导和他大力倡导及全力推进的改革开放，中国特色社会主义才能欣欣向荣，中国人民才能过上小康生活，中华民族和中华人民共和国才能以新的姿态屹立于世界东方。

"办特区是我倡议的"

1978年，这一年是中国的马年。从新春到隆冬，74岁的邓小平像一匹奋蹄的骏马，以超乎寻常的精力开始了对中国周边国家频繁的外交访问活动。他先后4次出访了7个国家，除了日本，还有缅甸、尼泊尔、朝鲜、泰国、马来西亚、新加坡。世界现代科技和经济的飞速发展状况给他留下了深刻的印象。对此，邓小平在各种场合呼吁："现在是我们向世界先进国家学习的时候了""关起门来，固步自封，夜郎自大，是发达不起来的。"①

在许多对外开放的重要问题上，邓小平总是想人之不敢想、言人之不敢言，从国家的发展战略角度上勇于拍板、勇于决策。事实一再证明，邓小平正是这样一位勇于开拓创新的人。

为使对外开放的工作能够顺利有效地快速展开，邓小平首先从思

---

① 《邓小平文选》第2卷，人民出版社1994年版，第132页。

四、向邓小平学习开拓创新

想、认识上反复强调科学技术本身是没有国界的，科学技术交流是科学发展的一般规律。1978年3月，邓小平在出席全国科学大会上的讲话中指出："独立自主不是闭关自守，自力更生不是盲目排外。科学技术是人类共同创造的财富。任何一个民族、一个国家，都需要学习别的民族、别的国家的长处，学习人家的先进科学技术。"①很快，国务院成立了引进新技术领导小组，专门负责研究制定引进国外先进技术的计划。在这个"科学的春天"里，一批批代表团、考察团走出国门，"西行取经"。

1978年4月到6月，中国政府派出了三路考察团出访考察：一路是国家计委和外经贸部组织的港澳经济考察团；一路是赴罗马尼亚、南斯拉夫的考察团；还有一路是以副总理谷牧为团长的赴西欧五国考察团。邓小平对考察很支持，在西欧考察代表团出发前，他专门找谷牧谈话，要求考察团多了解实际情况，要做详细分析调查研究，好的也看，坏的也看，以便在我国的经济建设中少走弯路。谷牧后来回忆说，当时邓小平对于实行开放的决心已定，他思索和考虑的不是要不要开放，而是怎么搞对外开放。

1978年，中国与世界各国的联系和交往日益频繁，而且在规格上也有了明显提高。据不完全统计，中国共产党和中国政府共派出各种代表团529个，人数达3200人，其中有12位副总理和副委员长以上的党和国家领导人，先后20次分别访问了50多个国家。代表团在国外开阔了视野，感受到了世界经济发展的脉搏，看到了中国与发达国家之间的差距。同时，代表团也明显感觉到，西方发达国家非常乐于

---

① 《邓小平文选》第2卷，人民出版社1994年版，第91页。

且急于与中国进行合作。对外开放，成了多数人的共识。

1978年12月16日，一则消息震惊了世界：中美双方决定自1979年1月1日起建立外交关系。1979年1月28日，是中国农历羊年大年初一，邓小平启程飞赴大西洋彼岸，对美国进行正式访问。访美期间，邓小平参观了许多科学研究机构和企业，签订了一批有利于中国发展的协议书。对此，邓小平指出："这不是一个结束，而是一个开始。""在我们两国之间还有许多合作的领域有待我们去开辟，许多渠道有待我们去沟通，我们还要继续努力。"① 在短短8天的访问行程中，邓小平与美国各界上百名代表进行了会谈，向人们介绍了中国走向开放的政治和经济政策。当时，远在大洋彼岸的新加坡总理李光耀在看到邓小平访美的电视报道后说，我感到中国的大门再也关不上了。

连续两年里的出访和派出代表团，使邓小平更加了解了世界，更加清晰地看到了中国发展的国际大势。他认为，中国的发展离不开世界。中国要实现现代化，就必须坚定不移地实行对外开放。

1979年4月，中央工作会议召开。时任广东省委书记习仲勋在会上提出一个特别的构想：利用广东毗邻香港和澳门的地理条件，实行特殊的政策和措施，建立出口加工区，加快对外开放。这个想法是从广东的实际情况出发的。广东在地理位置上靠近香港、澳门，商品经济的发展较为活跃，并且广东向来就是中国对外开放的一个重要省份，华人华侨数量十分庞大。

对于搞经济特区这一新事物，邓小平是十分关注和赞同的。在给广东特殊政策、灵活措施和办特区这样一个大政策出台的思路方面，

---

① 《邓小平年谱》第4卷，中央文献出版社2020年版，第481、482页。

四、向邓小平学习开拓创新

邓小平与广东干部群众的想法不谋而合。一方面，广东有这样的要求；另一方面，邓小平站得更高看得更远。就在会议期间，邓小平给"出口加工区"提出了新的名字，即"特区"。他对习仲勋说："还是叫特区好，陕甘宁开始就叫特区嘛！中央没有钱，可以给些政策，你们自己去搞，杀出一条血路来！"①

邓小平关于兴办特区的倡议迅速引起了积极而强烈的反响。中央工作会议后，受党中央、国务院委派，谷牧带领工作组赴广东、福建考察，并与两省的负责同志一起研究办特区的具体问题。1979年7月15日，中共中央、国务院批转中共广东省委、福建省委关于对外经济活动实行特殊政策和灵活措施的报告，决定在深圳、珠海、汕头、厦门试办特区，以中央〔1979〕50号文件下达执行。1980年5月16日，中共中央、国务院批转《广东、福建两省会议纪要》，正式将"特区"定名为"经济特区"。1980年8月26日，五届全国人大常委会第十五次会议正式宣布，在深圳、珠海、汕头、厦门设立经济特区。这是我国对外开放、经济体制改革的重大创举。特区初创成效显著，为广东、福建两省乃至全国的对外经济活动打开了一个蓬勃发展的新局面。

国门初开时，对外开放并非一帆风顺，其间难免历经曲折和考验。对此，邓小平总是在指导思想上给予及时、明确的支持。当时，对特区采取的一些大胆的实验，有些人议论纷纷。有人将走私贩私、投机倒把等不法行为同正确实行特区政策混淆起来，认为创办特区是一种变相卖国行为，甚至有人在特区工作会议的纪要上附上了名为"上海租界的由来"的文件。在对办特区争论最激烈、各方面议论纷纷的时

---

① 《邓小平年谱》第4卷，中央文献出版社2020年版，第510页。

候，1984年1月24日至2月10日，邓小平视察深圳、珠海、厦门三个经济特区。他表示，办特区是我倡议的，中央决定的，是不是能够成功，我要来看一看。在实地调研情况后，他为三个经济特区题词："深圳的发展和经验证明，我们建立经济特区的政策是正确的""珠海经济特区好""把经济特区办得更快些更好些"。① 邓小平对创办经济特区的肯定评价和对经济特区功能作用的明确要求，基本给经济特区该不该办的争议画上了句号。

此后，邓小平一直不忘关怀经济特区的建设。20世纪80年代末90年代初，中国面临着严峻的国际、国内形势，社会上出现了一些思想混乱和迷惑情况，人们对于特区究竟是姓"社"还是姓"资"的问题有着不同的看法，甚至有人说经济特区是在搞资本主义，特区建设再次成为漩涡中心。1992年的春天，邓小平再次来到深圳、珠海特区考察。视察过程中，他明确提出了"三个有利于"的标准，并判断我国经济特区的改革开放实践是姓"社"而不姓"资"，从根本上打破了长期严重困扰人们的那些思想障碍，丰富了马克思主义关于实践出真知的理论。他鼓励大家说："改革开放胆子要大一些，敢于试验，不能像小脚女人一样。看准了的，就大胆地试，大胆地闯。"② 在邓小平的直接关怀和大力支持下，经济特区从无到有，从一片空白到初具规模，再到走向繁荣，为中国经济的腾飞杀出了一条血路。

邓小平在南方发表的一系列重要的谈话后来被整理成《在武昌、深圳、珠海、上海等地的谈话要点》，成为《邓小平文选》的最后一篇文章。谈话从理论上深刻回答了长期困扰和束缚人们思想的许多重

---

① 《邓小平文选》第3卷，人民出版社1993年版，第51页。
② 《邓小平文选》第3卷，人民出版社1993年版，第372页。

大认识问题,是把改革开放和现代化建设推进到新阶段的又一个解放思想、实事求是的宣言书,不仅对随后召开的党的十四大具有十分重要的指导作用,而且对中国整个社会主义现代化建设事业都具有重大而深远的意义。

"一国两制""是中国提出来的"

党的十一届三中全会后,邓小平以强烈的民族自豪感执着追求实现祖国统一的目标,创造性地提出了"一国两制"的科学构想,指导我们实现香港、澳门平稳过渡和顺利回归。

"一国两制"构想最早是针对台湾问题而提出来的。20世纪70年代中后期,国际形势发生了变化,美国从自身的国家利益出发,有意做出了恢复中美关系正常化的姿态,这为和平解决台湾问题提供了可能。1979年1月1日,全国人大常委会发表《告台湾同胞书》,宣布了中国政府关于台湾回归的大政方针,其中提到:"我们的国家领导人已经表示决心,一定要考虑现实情况,完成祖国统一大业。"① 也就在这一天,邓小平在全国政协举行的座谈讨论《告台湾同胞书》的会议讲话中再次宣示:"这是个不平凡的日子""解决台湾问题,完成祖国统一大业提上具体日程。"② 不久,邓小平赴美国进行国事访问。在同美国参议院、众议院议员谈话时,他提出了自己关于解决台湾问题的创造性构想:"我们不再用'解放台湾'这个

---

① 中共中央文献研究室编:《一国两制重要文献选编》,中央文献出版社1997年版,第3页。

② 《邓小平文选》第2卷,人民出版社1994年版,第154页。

提法了。只要台湾回归祖国，我们将尊重那里的现实和现行制度。我们一方面尊重台湾的现实，另一方面一定要使台湾回到祖国的怀抱。"①

1981年9月30日，中国政府以时任全国人大常委会委员长叶剑英的名义发表了关于台湾问题的九条方针。方针明确提出国家实现统一后，台湾可作为特别行政区享有高度的自治权。1982年1月11日，邓小平对一位海外朋友说："九条方针是以叶副主席的名义提出来的，实际上就是一个国家两种制度。两种制度是可以允许的。他们不要破坏大陆的制度，我们也不破坏他们那个制度。"② 这是他第一次提出"一国两制"的概念。1983年6月26日，邓小平在会见美国新泽西州西东大学教授杨力宇时进一步阐明了实现大陆和台湾和平统一的方针政策："问题的核心是祖国统一。""我们不赞成台湾'完全自治'的提法。'完全自治'就是'两个中国'，而不是一个中国。制度可以不同，但在国际上代表中国的，只能是中华人民共和国。"③ 随后，邓小平具体阐述了关于祖国统一后台湾地区社会制度、法律、军队以及政党方面的构想，这些内容，后来被概括为"邓六条"。这六条方针进一步充实了"一国两制"的构想。

在处理和实现中华民族统一的伟大事业上，邓小平可以算是一个真真正正的"大发明家"。他的发明和创造，促进了中国的统一进程。将"一国两制"的创造性构想首先运用在解决香港问题身上，这本身又是一个新的创造。香港问题是英国首先提出来的。1982年4月，英

---

① 《邓小平年谱》第4卷，中央文献出版社2020年版，第478页。
② 《邓小平年谱》第5卷，中央文献出版社2020年版，第95页。
③ 《邓小平文选》第3卷，人民出版社1993年版，第30页。

四、向邓小平学习开拓创新

国前首相希思访问中国,在谈到收回香港问题时,邓小平指出:"如果中国那时不把香港收回来,我们这些人谁也交不了账。"① 会谈的最后,邓小平郑重表示:我们愿意同贵国政府正式接触,通过谈判来解决这一问题。

通过和平谈判解决香港问题,中国的对手是英国政府。鉴于英国在香港的巨大利益,有"铁娘子"之称的英国首相撒切尔夫人决定亲自上阵。9月24日上午,在北京人民大会堂福建厅,邓小平会见了撒切尔夫人,并就解决香港问题进行了正式接触。邓小平阐述了中国政府对香港问题的基本立场,同时明确指出:"香港继续保持繁荣,根本上取决于中国收回香港后,在中国的管辖之下,实行适合于香港的政策。香港现行的政治、经济制度,甚至大部分法律都可以保留,当然,有些要加以改革。香港仍将实行资本主义,现行的许多适合的制度要保持。"②

这次会谈为中英解决香港问题定下了基调。此后,中英两国政府开始就香港问题进行谈判,为时两年。最终两国在1984年9月达成协议,并草签了《中英联合声明》和三个附件。同年12月19日,中英两国政府首脑在北京正式签署了这一声明。1984年12月,再次访华并正式签署《联合声明》的撒切尔夫人得到了中方的隆重接待,并又一次见到邓小平。撒切尔夫人诚恳评价说:"我认为,从历史的观点看,'一国两制'是最富天才的创造,这个构想看起来是个简单的想法,但却是充满想象力的构想,是解决香港问题的关键,是我们达成

---

① 《邓小平思想年谱(1975—1997)》,中央文献出版社1998年版,第217页。
② 《邓小平文选》第3卷,人民出版社1993年版,第13页。

协议的关键。"①

　　苟日新、日日新、又日新,中国特色社会主义是前无古人的伟大事业,改革开放和社会主义现代化建设还有很长的路要走。当代中国正经历着我国历史上最为广泛而深刻的社会变革,也正在进行着人类历史上最为宏大而独特的实践创新。这种前无古人的伟大实践需要全方位、多方面的创新创造,这种创新创造也永远是中国共产党人应该具有的历史担当。我们要学习邓小平敢于开拓创新的政治勇气,把开拓创新作为一种常态,不断用发展着的马克思主义指导新的实践,又从实践中作出新的理论概括,敢破敢立、敢闯敢试,义无反顾把改革开放不断向前推进。

---

　　① 傅志义口述,明红整理:《一位令世界折服的外交家——保健大夫眼中的邓小平》,《党史纵横》2005年第11期。

五

向邓小平学习斗争精神

邓小平的一生，同中国共产党、中国人民解放军、中华人民共和国创建和发展的历史进程紧紧相连，同中国革命、建设、改革的历史进程紧紧相连，同中华民族抗争、独立、振兴的历史进程紧紧相连，是光辉的一生、战斗的一生、伟大的一生。习近平总书记是这样高度评价邓小平的："邓小平同志就是从中国人民和中华民族近代以来伟大斗争中产生的伟人，是我们大家衷心热爱的伟人。"[①] 邓小平的伟大斗争精神和他把握斗争的态度、原则、策略以及他对提高斗争本领的思考与实践，是中国共产党人学习的光辉典范。

直面风险　不惧困难

我们党在内忧外患中诞生、在历经磨难中成长、在攻坚克难中壮大，党和人民所取得的一切成就，不是天上掉下来的，不是别人恩赐

[①] 习近平：《在纪念邓小平同志诞辰110周年座谈会上的讲话》，《人民日报》2014年8月21日。

的，而是通过不断斗争取得的。斗争精神是中国共产党人在革命、建设和改革伟大实践中铸就的伟大精神，是中国共产党人鲜明的政治品格。作为党的第一代中央领导集体的重要成员和第二代中央领导集体的核心，直面风险、不惧困难的斗争精神贯穿于邓小平一生的全部奋斗实践之中。

解放战争时期，1947年，敌强我弱的形势还没有发生根本性的变化，中共中央和毛泽东便决定由战略防御转入战略进攻，并命令刘邓大军突破敌人的中原防线，转入外线作战。1947年6月，邓小平和刘伯承克服困难，发扬敢于斗争的精神，指挥晋冀鲁豫野战军千里跃进大别山，揭开了人民解放战争战略进攻的序幕。后来，邓小平在回顾这段历史时指出：在鲁西南歼敌九个半旅后，下一步行动"我们打电报给军委，说趁势还能够在晋冀鲁豫地区继续歼灭一些敌人，吸引和牵制更多的敌人，形势很好啊。毛主席打了个极秘密的电报给刘邓，写的是陕北'甚为困难'。当时我们二话没说，立即复电，半个月后行动，跃进到敌人后方去，直出大别山"。①

然而，当时天气炎热，部队连日作战已疲惫不堪，不少指战员对转入外线作战还存在种种疑虑，认为转入外线作战的时机还不成熟，担心转入外线后站不住脚。在种种困难面前，邓小平认为，眼前最需要解决的就是要让全体指战员明白自己所担负的光荣使命。他勉励干部战士要敢于斗争，指出了挺进大别山的目的和意义，激励指战员一定要树立起克服困难的决心与信心，并在战士中间开展思想互助和体力互助，帮助他们战胜困难。他指示政治部，要向部队发出"走到大

---

① 《邓小平文选》第3卷，人民出版社1993年版，第339页。

别山就是胜利"的号召,要求各级指战员做好战士们的思想工作,共同完成党中央交付的光荣任务。1947年6月21日,邓小平在晋冀鲁豫野战军直属队股长、营级以上干部会议上作了战略反攻的动员报告,指出:"党中央和毛主席说反攻时机到来了,这是有根据的。""蒋介石反动集团面临着严重的军事危机,不能照旧统治下去了。蒋介石在第一线集中了二百二十多个旅,后方兵力非常空虚。在山东、陕北两个主要战场上,他不但打不出名堂来,而且还被我军逐渐歼灭了;在其他几个战场上,他已经完全处于被动挨打的地位。""从军事上看,敌人采取重点防御。我们是让蒋介石巩固了他的统治区,喘口气再来打我们,还是我们先去剥夺他的兵员、财力,扩大解放区,来充实我们自己的力量。到底这两种办法哪一种好呢?这是很明白地摆着。蒋介石到处被动,好像两个人打架,只要再加一拳就能把对方打败,你偏偏要歇一歇让他喘口气,自然是不对的。这用之于革命会使革命失败,要犯严重错误。"① 对于一些干部、战士提出的转入外线后能不能站住脚的问题,邓小平充满信心地说道:"能,一定能够站住脚!客观条件是具备了。"他还对转入外线后可能遇到的困难进行了分析,指出:"困难有没有?一定有的。在新区不能设想能像在解放区内线作战那样方便。要设想更多的困难,餐把饭吃不上等等都会有的,思想上必须有充分准备。即使有困难,只要完成三大任务,困难也是暂时的,而且影响不了站不站得住脚。当然,我们是要历尽辛苦。你们想一想,像我们中国这样大的国家,人口占全世界四分之一,要革命成功,不花辛苦是不行的。我们这一代的确是幸福的,光荣的。我们

---

① 《邓小平军事文集》第2卷,军事科学出版社、中央文献出版社2004年版,第20、25页。

将要造成子子孙孙的幸福，即令牺牲也是值得的。反攻确实辛苦，并且是持久性的，争取得好，就快些。厌倦不应该，真正把革命干成功，辛苦是值得的。今天我们需得拿出英雄气概，拼命地干，前仆后继，英勇奋斗，一定可以干成功。"①

十万大军要渡黄河越陇海线，涉过黄泛区及沙河、颍河、淮河等大江大河，稍有闪失就会前功尽弃。但刘伯承、邓小平清楚认识到，挺进大别山，关系战略全局和党中央在陕北的安危，困难再大也要克服。邓小平对指战员说："我们要坚决执行党中央、毛主席的战略方针，责无旁贷地打出去，把陕北和山东的敌人拖出来。我们打出去挑的担子愈重，对全局就愈有利。"② 尤其是面对连日大雨，黄河有决堤危险之时，邓小平命令主力部队马上出动，"坚决勇敢地战胜一切困难，争取最好的前途"。③ 40 年后，他对自己的子女说："我这一生，这个时候最紧张，听黄河的水要来，我自己都听得到自己的心脏在怦怦地跳！"④ 当时任国民党政府国防部作战厅厅长、后来成为起义将领的郭汝瑰这样评价说：刘邓进军大别山呀，那是纵井救人，跳到深井里去救人，自己就是很危险的事情，他们敢干。

进军大别山难，在大别山站住脚更难。挺进大别山后，刘伯承和邓小平看到部队还不同程度地存在着情绪低落、对建立根据地的信心不足以及打仗顾虑重重等问题，1947 年 9 月 27 日，他们召开了由旅以

---

① 《邓小平军事文集》第 2 卷，军事科学出版社、中央文献出版社 2004 年版，第 20、25、26 页。
② 参见中共中央文献研究室编：《回忆邓小平》（下），中央文献出版社 1998 年版，第 209 页。
③ 邓榕：《我的父亲邓小平：戎马生涯》，中央文献出版社 2010 年版，第 350 页。
④ 毛毛：《我的父亲邓小平》上卷，中央文献出版社 1993 年版，第 560 页。

上高级干部参加的王大湾回忆。会上,邓小平严厉地指出:"至今,我们仍然有一些干部,特别是高级干部,对重建大别山根据地的战略意义认识不够,只看到局部的困难,而看不到全国战局的变化,甚至不敢积极主动歼灭敌人,对重建大别山根据地丧失信心,思想上存在着右倾情绪。有些指挥员打起仗来,左顾右盼,顾虑重重,走起路来像小脚女人一样迟缓,错过了歼敌的好机会"。邓小平强调:"越是困难的时候,高级干部越要以身作则,鼓励战士们坚决勇敢地歼灭敌人。""要教育干部、战士,对困难要有充分的思想准备,这样,才能想办法积极主动地克服困难"。① 在讲到如何解决目前部队纪律松弛的问题时,他要求所有高级指挥员都必须带头执行三大纪律八项注意,强调部队纪律的好坏直接关系根据地的建立与巩固问题。会议结束后,各部队利用战斗间隙,对右倾思想和纪律松弛现象展开了批评和斗争,这对广大干部战士触动很大,全军指战员逐步树立了坚持大别山斗争的勇气与信心。

后来,刘邓大军兵分两路,由刘伯承率领一部分转到外线作战,邓小平率领一部分留在大别山地区坚持内线作战。邓小平置个人安危于不顾,指挥10个旅的部队同国民党军队33个旅共80个团的兵力作战。他致电中央军委表示,"我们在大别山背重些",有利于兄弟部队在其他地区作战,"对全局极有利"。② 1989年,邓小平在回顾这段历史时说:"那时搞无后方作战,困难是可想而知的啊……而这个担子

---

① 中共中央文献研究室编:《回忆邓小平》(下),中央文献出版社1998年版,第234页。
② 《邓小平军事文集》第2卷,军事科学出版社、中央文献出版社2004年版,第45页。

落在二野身上,整个解放战争最困难的是挑这个担子,是挑的重担啊。"① 刘邓大军"撇开一切困难,坚决地挺进一千里"到外线作战,此举关系人民解放战争的战略全局和中共中央在陕北的安危。对此,毛泽东给予了高度评价,认为这是"一个伟大的事变"②。

新中国成立后,20世纪60年代,受"左"的错误思想影响,在意识形态领域发生了许多不正常的现象,邓小平对此进行了坚决的斗争和抵制。1965年3月初,他在中央书记处会议上尖锐地指出:现在有人不敢写文章了,新华社每天只收到两篇稿子,戏台上只演兵,只演打仗的,电影哪有那么完善?这个不让演那个不让演。那些"革命派"是想靠批判别人出名,踩着别人的肩膀自己上台。他指示要赶快刹车。在经济领域,邓小平也试图纠正一些"左"的做法。1962年,他在几次会议上提出:"生产关系究竟以什么形式为最好,恐怕要采取这样一种态度,就是哪种形式在哪个地方能够比较容易比较快地恢复和发展农业生产,就采取哪种形式……现在要恢复农业生产,也要看情况,就是在生产关系上不能完全采取一种固定不变的形式,看用哪种形式能够调动群众的积极性就采用哪种形式。"③

党的十一届三中全会以后,以邓小平同志为主要代表的中国共产党人作出改革开放的伟大决策,再次体现了他敢于直面风险挑战的勇气。以创办经济特区为例:1979年4月,在中央工作会议召开期间,广东省委主要负责人向中央提出了创办特区的设想,邓小平当即拍板说:"还是叫特区好,陕甘宁开始就叫特区嘛!中央没有钱,可以给

---

① 《邓小平文选》第3卷,人民出版社1993年版,第339页。
② 《毛泽东选集》第4卷,人民出版社1991年版,第1244页。
③ 《邓小平文选》第1卷,人民出版社1994年版,第323页。

些政策,你们自己去搞,杀出一条血路来。"① 这是党的历史上第一次作出这样的决定,也是经济体制改革的大胆尝试。

1985年3月28日,邓小平在会见日本自由民主党副总裁二阶堂进时指出:"现在我们正在做的改革这件事是够大胆的""这是一件很重要的必须做的事,尽管是有风险的事""我们在确定做这件事的时候,就意识到会有这样的风险"②。改革之路是其他社会主义国家没有走过的,马克思主义经典作家也没有给出现成答案,改革的航船行进在有大风、暗礁、漩涡的茫茫大海上,风险挑战可想而知,没有敢于斗争的勇气是迈不开步子的。

1992年,改革开放进入关键时期,邓小平在南方谈话中再次号召:"改革开放胆子要大一些,敢于试验,不能像小脚女人一样。看准了的,就大胆地试,大胆地闯。深圳的重要经验就是敢闯。没有一点闯的精神,没有一点'冒'的精神,没有一股气呀、劲呀,就走不出一条好路,走不出一条新路,就干不出新的事业。"③ 伟大事业往往伴随着巨大风险和挑战,没有直面风险挑战的勇气,没有不惧困难大胆"闯的精神",就不可能开拓创新,走出一条新路来。

坚持原则　不计个人得失

习近平总书记指出:"坚持原则是共产党人的重要品格,是衡量一个干部是否称职的重要标准。""共产党人讲党性、讲原则,就要讲

---

① 《邓小平年谱》第4卷,中央文献出版社2020年版,第510页。
② 《邓小平文选》第3卷,人民出版社1993年版,第113页。
③ 《邓小平文选》第3卷,人民出版社1993年版,第372页。

斗争。"① 共产党人的斗争是有方向、有立场、有原则的。如果每个人都从个人得失考虑问题，怕担责任，怕担风险，那么党的事业就很难取得进展，中华民族的独立解放和伟大复兴就不会有希望。邓小平自从青年时代树立马克思主义信仰起，就矢志不渝为党和人民事业奋斗了70年。他一生中"三落三起"，都是因为敢于坚持真理、修正错误。他说，"我自从十八岁加入革命队伍，就是想把革命干成功，没有任何别的考虑"。② 他戏称自己是维吾尔族的姑娘，辫子多，不怕被抓辫子，不怕被打倒。

1933年初，以博古为首的中共临时中央从上海迁到了中央苏区，其"左"倾教条主义的方针随即在中央革命根据地全面贯彻开来，他们在江西开展了所谓反"江西罗明路线"的斗争，致使以毛泽东为代表的大批坚持正确意见的有实际经验的领导干部遭到了排挤和打击。3月底，会昌、寻乌、安远三县党的积极分子会议通过决议，批评以邓小平为首的中心县委"执行了纯粹的防御路线"，声言"这是在会、寻、安的罗明路线"，指出"要坚决打击以邓小平同志为首的机会主义的领导"③，会议的矛头直指邓小平。

对于当时中央"左"倾教条主义的错误做法，早在1931年11月赣南会议前后，邓小平就有过抵制。他与曾任苏区中央局秘书长和永丰、吉安、泰和中心县委书记的毛泽覃，曾任赣西南特委委员、赣东特委书记、江西省第二军分区司令员兼独立第五师师长的谢唯俊以及曾任寻乌县委书记、寻乌县苏维埃政府主席、红一方面军总前委秘书

---

① 《习近平谈治国理政》第4卷，外文出版社2022年版，第531、532页。
② 《邓小平文选》第3卷，人民出版社1993年版，第54页。
③ 《邓小平年谱》第1卷，中央文献出版社2020年版，第95页。

长的古柏分别发表过一些有利于反"围剿"和巩固革命根据地的看法，拥护毛泽东的正确意见，认为苏区的山上有马克思主义，倒是大城市产生了立三路线。这些正确意见遭到了批判，邓、毛、谢、古四人被指为"毛派"，是"江西罗明路线"的代表人物，被指责为"对于四中全会后的新的中央领导极端不信任"[①]。于是，一场以反对邓小平、毛泽覃、谢唯俊、古柏为代表的"江西罗明路线"的斗争全面展开。

会、寻、安党的积极分子会议后不久，江西省委召开工作总结会议，批评邓、毛、谢、古是反党的派别和小组织的领袖，是罗明路线在江西的创造者，要集中布尔什维克的斗争火力，对他们进行残酷斗争和无情打击。会后，中央局批准发表了《为党的路线而斗争》一文，公开批评邓小平、毛泽覃、谢唯俊、古柏，指责他们是派别活动等等。但是，邓小平等人并未妥协，他们坚定地支持毛泽东的策略。会上，邓小平针对各种指责，进行了激烈的争辩，宁折不弯。于是，1933年5月5日，中共苏区中央局批准《江西省委对邓、毛、谢、古同志二次申明书的决议》，邓小平被强行撤销了江西省委宣传部长的职务，受到党内严重警告处分，并一度被监管劳动。

在重重压力之下，邓小平被迫作检查，但他没有屈服于错误意见，仍然坚持原则，坚定阐述自己的看法。"左"倾错误执行者十分恼怒，他们不仅在中央局机关报《斗争》上发表署名文章《试看邓小平同志的自我批评》，指责邓小平"依然站在机会主义的观点上"，责令他彻底坦白"机会主义路线和派别观念甚至派别行动的全部"，而且多次

---

① 《邓小平年谱》第1卷，中央文献出版社2020年版，第97页。

"提审"他，甚至对他的伙食降质减量。精神上、肉体上的巨大痛苦，并未使邓小平改变初衷。他不屈不挠的斗争精神使"左"倾错误执行者无计可施。直到长征期间，邓小平才恢复工作。

"文化大革命"期间，1975年，邓小平主持中央工作。针对"四人帮"的极左思潮和篡党窃国的阴谋活动，他进行了有理、有利、有节的斗争。面对"文化大革命"后期的混乱局面，邓小平强调全党要讲大局，把国民经济搞上去，提出全面整顿的任务。整顿其实就是改革。针对当时派性斗争愈演愈烈、一些领导班子软弱涣散以及只抓革命、不抓生产的状况，邓小平在领导全面整顿时多次强调要"敢字当头"。所谓"敢字当头"，就是要坚持原则，敢于斗争，把党中央的方针政策不折不扣贯彻落实下去。1975年5月21日，他在国务院办公会议上指出："现在，干部中的一个主要问题，就是怕字当头，不敢摸老虎屁股。""要找那些敢于坚持党的原则、有不怕被打倒的精神、敢于负责、敢于斗争的人进领导班子。"① 九、十月间，他在农村工作座谈会上再次强调："现在问题相当多，要解决，没有一股劲不行。要敢字当头，横下一条心。这半年来，我讲了多次话，中心是讲敢字当头。"② 在邓小平的坚强领导下，资产阶级派性和领导班子"软、懒、散"的问题得到了集中解决：对资产阶级派性，主要广泛发动群众坚决斗争，把思想教育、政治攻势和行政措施、法律手段结合起来；对闹资产阶级派性的人，该调的调，该批的批，该斗的斗，限期改正，过时不改，不发工资，有的下放劳动；对个别坚持搞资产阶级派性的坏头头，予以逮捕，集中打击。与此同时，通过调配领导干部，解决

---

① 《邓小平年谱》第4卷，中央文献出版社2020年版，第47页。
② 《邓小平文选》第2卷，人民出版社1994年版，第35页。

软、懒、散的问题,建立起坚强的领导班子。铁路整顿、钢铁整顿、国防科技整顿,都是说干就干,规定任务,限时完成,令行禁止,没有半点含糊。邓小平提倡不怕被打倒的精神,提倡敢摸老虎屁股的精神,这种坚持原则、敢于碰硬的大无畏精神,是整顿制胜的法宝。后来,邓小平回忆说:"其实,拨乱反正在一九七五年就开始了""整顿实际上是同'文化大革命'唱反调。触怒了'四人帮'。他们又一次把我轰下了台"。"改革,其实在一九七四年到一九七五年我们已经试验过一段""那时的改革,用的名称是整顿,强调把经济搞上去,首先是恢复生产秩序。凡是这样做的地方都见效""一九七四年到一九七五年的改革是很得人心的,反映了人民的愿望"。① 经过邓小平领导大刀阔斧的整顿,生产秩序、工作秩序、社会秩序逐步趋于正常,全国上下呈现出安定团结的景象。但邓小平却因为触怒了"四人帮",再一次被打倒。

粉碎"四人帮"后,让邓小平出来工作成为众望所归。1977年3月10日至22日,中共中央召开工作会议,老一辈革命家陈云、王震等人从党的利益出发,顶住巨大压力,公开要求让邓小平重新出来工作。

在此之前,1977年2月7日,《人民日报》《红旗》《解放军报》发表了题为《学好文件抓住纲》的社论,提出凡是毛主席作出的决策,我们都坚决维护,凡是毛主席的指示,我们都始终不渝地遵循。这句话后来被称为"两个凡是"。当月,还未复出的邓小平在同王震谈话时明确对"两个凡是"的提法表达了异议,认为这不是马克思主

---

① 《邓小平文选》第3卷,人民出版社1993年版,第81、255页。

义，不是毛泽东思想。后来，他又多次指出，"两个凡是"不行，按照"两个凡是"的观点，就说不通为 1976 年天安门事件平反的问题。而且从理论上说，将毛泽东在一个场合说的话移到另一个场合去讲，这是典型的断章取义，是对毛泽东思想的歪曲和割裂。针对这种错误观点，邓小平在 1977 年 4 月 10 日给华国锋、叶剑英并中共中央的信中鲜明提出："我们必须世世代代地用准确的完整的毛泽东思想来指导我们全党、全军和全国人民。"① 5 月 24 日，他在同王震、邓力群谈话时说："前些日子，中央办公厅两位负责同志来看我，我对他们讲，'两个凡是'不行。按照'两个凡是'，就说不通为我平反的问题，也说不通肯定一九七六年广大群众在天安门广场的活动'合乎情理'的问题。"②

经过 9 个月的斗争，在 1977 年 7 月党的十届三中全会上，邓小平终于恢复了中共中央委员、中央政治局委员、常委、中央副主席、中央军委副主席、国务院副总理以及总参谋长的职务。

邓小平重新出来工作后，领导全党冲破了"两个凡是"的禁锢，实现了工作重点的战略转移，创立了建设有中国特色的社会主义理论，指引我们国家走上了改革开放的康庄大道。

讲究策略　善于斗争

习近平总书记强调："斗争是一门艺术，要善于斗争。"③ 邓小平

---

① 《邓小平文选》第 2 卷，人民出版社 1994 年版，第 38、39 页。
② 《邓小平文选》第 2 卷，人民出版社 1994 年版，第 420 页。
③ 《习近平著作选读》第 2 卷，人民出版社 2023 年版，第 259 页。

是深谙斗争艺术的大师，讲究策略是他的一贯思想。毛泽东曾赞许邓小平"柔中寓刚，绵里藏针。外面和气一点，内部是钢铁公司"。①"柔中寓刚"就是讲究策略，即具有原则性与灵活性的和谐统一，在重大原则上，决不妥协，但在符合目的时，又讲究策略灵活。1956年10月17日，邓小平在会见日本劳农党总书记石野久男时指出："斗争的胜利不仅依赖于坚决性，而且还应该讲究策略，只有入情入理的斗争，才能得到人民的同情。""斗争中不仅要坚决，而且还要讲究策略，要使其他斗争服从于反对主要敌人的斗争。"②

早在抗日战争时期，邓小平就在总结对日斗争的经验时指出："敌我斗争不仅是军事力量的竞赛，而且是全副本领的斗争；不仅斗力，更主要是斗智。"③为此，他要求各级领导干部要认真研究对敌斗争策略。为了有效瓦解伪军和伪组织，他还创造性地提出了"革命两面政策的运用"思想，并具体提出两种不同的范围：一是在伪军或上层伪组织内运用，二是在敌占区或敌占优势的游击区的乡村中运用。无论哪种范围，都要充分利用矛盾并发展自己，要善于广交朋友，利用有利条件对死心塌地为敌效力的坚决打击。此外，还要做好精细的组织工作，"盲动、乱干、急躁或粗枝大叶，都必然招致失败"。④在邓小平领导下的太行分局由于认真贯彻了"革命两面政策"的策略思想，争取和瓦解伪军组织工作取得了显著成效，扩大了抗日根据地。

---

① 《邓小平年谱》第3卷，中央文献出版社2020年版，第659页。
② 《邓小平文集（1949—1974）》中卷，人民出版社2014年版，第257、258页。
③ 《邓小平年谱》第1卷，中央文献出版社2020年版，第464页。
④ 《邓小平文选》第1卷，人民出版社1994年版，第53页。

新中国成立后，以美国为首的西方国家不仅对新中国采取不承认和敌视的态度，还实行了经济封锁、政治遏制和军事包围的政策，斗争成为两国关系的主旋律。随着改革开放政策的调整，开展大规模经济建设的中国迫切需要和平稳定的外部环境，中美建交逐步提上了日程。在处理对美关系上，邓小平清楚地认识到，中美两国在社会制度、意识形态和历史文化等方面存在着较大差异，但同时，两国之间也存在共同点，总体上是合作大于冲突、利益大于分歧。因此，他在对美斗争中策略灵活，从根本上维护了中国的国家利益。

在中美建交谈判中，台湾问题因其敏感性和特殊性，成为中美关系中绕不开的难题。对此，邓小平始终坚持维护国家利益的原则，坚持"一个中国"的立场，指出："台湾问题是中国的内政，别人不能干涉。""台湾问题是中国的内政，什么方式、什么时间解决台湾问题，是中国的内政，外国人无权干涉。"① 在指导谈判中，他反复强调处理台湾问题的三个条件——撤军、废约、断交，明确了中国对于台湾问题的原则和底线。在因售台武器问题导致双方谈判迟迟不决，甚至有破裂风险时，邓小平果断提出："先避开售台武器问题，留待建交以后再解决，但是要把坚决反对美国售台武器的立场讲清楚。"② 针对美方推迟一年以后再废除美台共同条约的要求，邓小平在美方承诺一年里不再对台作出新的军售后，最后同意按原计划进行，以实现两国关系正常化。此后，两国关系平稳发展，政治磋商有所加强，经贸、科技、文化的合作与交流不断扩大。

1989年6月，美国对中国实行制裁，中美关系也随之跌入低谷。

---

① 《邓小平年谱》第4卷，中央文献出版社2020年版，第189、197页。
② 柴泽民：《中美建交亲历记》，《中共党史资料》2004年第1期。

五、向邓小平学习斗争精神

邓小平积极应对美国等西方国家的制裁，把维护国家利益作为根本准则，尤其是在涉及国家内政和主权等重大原则问题上，立场坚定，态度鲜明。面对美国的挑衅和干涉，邓小平坚决与其斗争，绝不让步，体现了维护国家利益的勇气和决心。他在这一时期反复强调："世界上最不怕孤立、最不怕封锁、最不怕制裁的就是中国。""还可以加上一点，外国的侵略、威胁会激发中国人民团结、爱国、爱社会主义、爱共产党的热情，同时也使我们更清醒。"① "中国永远不会接受别人干涉内政。"② "要维护我们独立自主、不信邪、不怕鬼的形象。我们绝不能示弱。你越怕，越示弱，人家劲头就越大。并不因为你软了人家就对你好一些，反倒是你软了人家看不起你。我们怕什么？战争我们并不怕。"③ 他还斩钉截铁地表示："我们对社会主义的前途充满信心，只要中国社会主义不倒，社会主义在世界上将始终站得住。"④

与此同时，邓小平也积极努力推动改善中美关系。他多次会见美国政要人士，指明美国在中美关系恶化中应负完全责任，希望美国主动采取积极行动。1989年7月2日，他对访华的美国总统特使斯考克罗夫特说："'解铃还须系铃人'，希望美国今后能采取实际行动，取信于中国人民，而不要火上浇油了。"⑤ 10月31日，他在同美国前总统尼克松的谈话中表达了希望中美两国"应该结束这几个月的过去，开辟未来"的愿望，同时明确指出中国是受害方，结束过去，应该由

---

① 《邓小平文选》第3卷，人民出版社1993年版，第329页。
② 《邓小平文选》第3卷，人民出版社1993年版，第359页。
③ 《邓小平文选》第3卷，人民出版社1993年版，第320页。
④ 《邓小平文选》第3卷，人民出版社1993年版，第346页。
⑤ 钱其琛：《外交十记》，世界知识出版社2003年版，第175页。

美国采取主动，"要中国来乞求，办不到。哪怕拖一百年，中国人也不会乞求取消制裁"①。11月10日，在同美国前国务卿基辛格的谈话中，他再次表达了改善中美关系的愿望，"希望结束最近发生的事，从而中美关系得以恢复正常"，② 并提出了解决中美关系问题的一揽子建议。12月10日，他在会见斯考克罗夫特时说："请特使转告布什总统，在东方的中国有一位退休老人，关心着中美关系的改善和发展。"③ 在邓小平既坚持原则立场不动摇，又在解决问题中务实灵活的策略下，中国在这一十分困难的时期终于顶住了外部压力，打破了美西方国家的制裁，并使中美关系得到了缓和。

处理中美关系如此，邓小平在处理中苏关系正常化中也同样把讲究策略、善于斗争体现得淋漓尽致。20世纪五六十年代，中国共产党同苏联共产党围绕国际共产主义运动的历史经验、总路线、时代条件以及如何评价斯大林的历史功过等诸多问题展开了激烈的争论。邓小平曾7次赴莫斯科同苏共领导人举行会谈，全面参与了中苏论战。改革开放和社会主义现代化建设新时期，随着中国对美关系的调整和苏美两国攻守形势及其各自对华政策的演变，邓小平立足于维护中国国家安全和战略利益，抓住美苏矛盾这个当时国际政治的主要矛盾，果断搁置意识形态的是非，提出"要采取一个大的行动，向苏联传递信息，争取中苏关系有一个大的改善"。④ 有外交官回忆说，1979年1月邓小平访问美国以后，中国领导人就"明显感

---

① 《邓小平文选》第3卷，人民出版社1993年版，第332页。
② 〔美〕亨利·基辛格著，胡利平等译：《论中国》，中信出版社2012年版，第419页。
③ 《邓小平文选》第3卷，人民出版社1993年版，第351页。
④ 《邓小平年谱》第5卷，中央文献出版社2020年版，第133页。

五、向邓小平学习斗争精神

到,在改善中美关系的同时有必要调整'大三角'中的中苏关系,以便造成更有利的国际环境。"①

20世纪70年代末至80年代初,苏联多次向中国发出改善双方关系的重要信号。但当时中美关系尚处在敏感阶段,改善中苏关系如果操之过急,就会对业已形成的中美关系等有利格局起到破坏作用。因此,邓小平确立了中国对苏谈判的基调:"现在同苏联谈判就是灵活性,至于今后,谈起来再看。"基于对中苏关系历史的认识和对现实的分析,邓小平作出重要指示:"中苏谈判不可把重点放在制定不解决实际问题的空洞文件上,而应抓紧那些重大原则问题,只有采取高姿态,才能取得主动地位。如不是这样,而是热衷于讨论关系准则,马上就会被对方接过去,这样不仅我们从苏联方面得不到任何实际东西,反而会对已形成的对我们有利的世界格局产生破坏作用,从而输得精光。"他还对担任中国政府特派代表的时任外交部副部长王幼平说,"不要急于求成,谈不成没有关系,重要的是坚持原则,高屋建瓴,不能示弱。当然不要骂娘,要讲道理"②。在掌握主动的前提下,邓小平抓住有利时机,提出改善中苏关系必须消除三大障碍:苏联在中苏边界和蒙古驻扎重兵、苏联支持越南入侵柬埔寨、苏联占领阿富汗,使中苏关系从意识形态的争论转为国家利益的冲突,为中苏关系的正常化设计了方案、指明了方向。俄罗斯研究中苏关系问题的专家曾评价道,邓小平提出搁置争议,先就易于恢复的国家关系正常化进行谈判,这就"具体地确定了需要考虑问题的范围以及问题的轻重缓

---

① 李凤林:《中苏边界谈判亲历记》,《中共党史资料》2003年第4期。
② 参见尹航:《开启中苏关系正常化谈判的曲折历程》,《百年潮》2013年第11期。

急，也就是给出了解决这些问题可能遵循的先后秩序"。①

在苏方给予积极反应后，邓小平敏锐判断出着手改善中苏关系的时机正在成熟，决定重开中苏政治磋商。在坚持国家利益的基础上，邓小平审时度势、灵活应对，多次通过带口信、葬礼外交、对外发表谈话、恢复边界谈判、恢复经济和科技合作等各种时机，成功地扭转了中苏两国在经历了长期的争论与对抗之后互不信任的局面，使双方的立场和观点在"正常化"这一主导性前提下逐步走向一致，有力推动了谈判的进程。经过中苏两党领导人的共同努力，改善中苏关系必须消除的三大障碍逐个得以消除，最终于1989年打破坚冰，结束了几十年来的不正常状态，重新建立起正常的国家关系。

同样，在中英双方关于香港问题的谈判中，邓小平坚持有理有利有节，在原则问题上寸步不让，在策略问题上灵活机动，合理选择斗争方式、把握斗争火候，根据形势需要及时调整斗争策略，充分展现了他高度的政治智慧以及对立场坚定和策略灵活的高度统一。

邓小平一方面旗帜鲜明地阐明了中国政府坚持的三个基本立场，即"主权问题不是一个可以讨论的问题""一九九七年中国将收回香港""中国要收回的不仅是新界，而且包括香港岛、九龙"。他指出："中国和英国就是在这个前提下来进行谈判，商讨解决香港问题的方式和办法。"② 另一方面，邓小平创造性地将"一国两制"科学构想的突破口锁定在条件相对成熟的香港问题上，尤其是针对世界上独一无二的经济奇观"香港现象"将从此消失的担忧，

---

① 〔俄〕尤·米·加列诺维齐著，孙黎明、吕东明译：《勃列日涅夫与毛泽东、戈尔巴乔夫与邓小平》，四川人民出版社1999年版，第154页。
② 《邓小平文选》第3卷，人民出版社1993年版，第12页。

五、向邓小平学习斗争精神

他很早就明确表示：

> 对这个问题，我们有一贯的立场。我们历来认为，香港主权属于中华人民共和国，但香港又有它的特殊地位。香港是中国的一部分，这个问题本身不能讨论。但可以肯定的一点，就是即使到了一九九七年解决这个问题时，我们也会尊重香港的特殊地位。现在人们担心的，是在香港继续投资靠不靠得住。这一点，中国政府可以明确地告诉你，告诉英国政府，即使那时作出某种政治解决，也不会伤害继续投资人的利益。请投资的人放心，这是一个长期的政策。①

海外舆论评价道，"请投资人放心"表达了中国政府解决香港问题的善意、诚意和新意。在推进双方谈判中，邓小平是幕后总指挥。他亲自抓谈判的各个问题。每当谈判陷入僵局或是遇到涉及国家主权的重大原则问题时，他都会作出重要指示。他多次接见英国外交大臣，亲自做他们的工作。面对谈判中出现的"三角凳"等问题，邓小平在坚持原则问题上决不让步时，也指示"让英国人下台阶"，即谈判可以不从主权问题谈起，先谈"九七"以后怎么办。一张一弛，表现出原则性和灵活性的高度统一。邓小平曾指出，中英谈判中大的原则问题，我们坚持到底，具体问题我们仍有灵活性。这样做，为了照顾英国人的面子，也为了满足香港人的愿望。② 应该说，中英香港问题谈判中的每一次突破都凝结了邓小平的斗争智慧。

---

① 参见《邓小平年谱》第4卷，中央文献出版社2020年版，第500—501页。
② 参见余贤群：《邓小平与包玉刚》，华文出版社2000年版，第288页。

习近平总书记指出:"当前,世界百年未有之大变局加速演进,中华民族伟大复兴进入关键时期,我们面临的风险挑战明显增多,总想过太平日子、不想斗争是不切实际的。"① 2021 年 11 月,党的十九届六中全会审议通过的《中共中央关于党的百年奋斗重大成就和历史经验的决议》指出:"只要我们把握新的伟大斗争的历史特点,抓住和用好历史机遇,下好先手棋、打好主动仗,发扬斗争精神,增强斗争本领,凝聚起全党全国人民的意志和力量,就一定能够战胜一切可以预见和难以预见的风险挑战。"② 邓小平善于把握斗争方式和策略,勇于探索各种斗争策略及方式方法,在斗争中练就了过硬而高超的领导艺术和工作本领,其斗争思想值得我们借鉴、吸收和弘扬,是我们在新时代提升斗争本领、坚定斗争意志的宝贵精神财富。

---

① 《习近平谈治国理政》第 4 卷,外文出版社 2022 年版,第 533 页。
② 《中共中央关于党的百年奋斗重大成就和历史经验的决议》,《人民日报》2021 年 11 月 17 日。

六
向邓小平学习战略思维

战略问题是一个政党、一个国家的根本性问题。战略上判断得准确、战略上谋划得科学、战略上赢得主动，党和人民的事业就大有希望。邓小平思想敏锐、目光远大，多谋善断、举要驭繁，总是站在国内大局和国际大局相互联系的高度审视中国和世界的发展，善于从全局上思考问题，善于在关键时刻作出战略决策。习近平总书记高度评价邓小平的战略思维，指出这是邓小平"一生最恢宏的革命气度"[1]。邓小平波澜壮阔的革命生涯表明：他既是一位具有雄才大略的大政治家，也是一位能够高瞻远瞩的大战略家。邓小平的战略决策，深刻地影响了中国改革开放和社会主义现代化的进程。

"教育是一个民族最根本的事业"

教育对于提高民族素质、提高社会文明程度、促进经济发展和社

---

[1] 习近平：《在纪念邓小平同志诞辰110周年座谈会上的讲话》，人民出版社2014年版，第17页。

会全面进步具有重要作用,是民族振兴的基石,是社会主义现代化建设的重要保障。邓小平深谙现代化建设的基本规律,懂得没有掌握现代科学技术知识的人才,现代化建设就将寸步难行。他反复强调教育是一个民族最根本的事业,"不抓科学、教育,四个现代化就没有希望,就成为一句空话"①。

新中国成立后,中国共产党带领中国人民在"一穷二白"的情况下,逐步建立起一套较为完整的教育体制。这个体制使人民普遍享有了受教育的基本权利,教育基础设施也得到了改善,教师队伍逐渐充实,进而为中国社会主义的建设输送了大量宝贵人才。然而,由于受国际环境的制约和党在指导思想上出现的偏差的影响,随之而来的"文化大革命"给中国教育事业的发展带来了严重挫折。1971年,张春桥、姚文元在修订《全国教育工作会议纪要》中提出的"两个估计"②,事实上否定了中国教育事业在"文化大革命"前的发展,违背了教育规律的政策给教育质量带来了毁灭性的打击。粉碎"四人帮"后,中国从"文化大革命"的泥沼中挣脱出来。此时,停滞10年的教育困局亟待打破。

为进一步厘清教育事业出现困局的原因,1977年9月3日,人民日报社邀请了6位省部级科教部门负责人进行座谈,并对"两个估计"出台的原因和造成的影响进行了深入剖析,认为"两个估计"给中国的教育事业带来了阻碍,打击了教师群体的工作积极性,使教师群体受到了不公正对待。因此,为中国教育事业的未来考虑,必须彻

---

① 《邓小平文选》第2卷,人民出版社1994年版,第68页。
② 即"文化大革命"前17年教育战线是资产阶级专了无产阶级的政,是"黑线专政";知识分子的大多数世界观基本上是资产阶级的,是资产阶级知识分子。

底否定"两个估计"。人民日报社连夜将座谈会的内容写成文稿,并报送中央。这份文稿很快引起了邓小平的高度重视。9月19日上午,第三次复出不久的邓小平就教育界的拨乱反正问题与中央政治局委员、国家科委主任方毅以及时任教育部部长刘西尧等人进行了谈话,明确提出"两个估计"是不符合实际的。他指出:"对这个《纪要》要进行批判,划清是非界限""总之,教育部要思想解放,争取主动。过去讲错了的,再讲一下,改过来。拨乱反正,语言要明确,含糊其词不行,解决不了问题。办事要快,不要拖。"①

由于长期受到"左"的错误思想影响,教育界的拨乱反正工作以及一些新政策落实得并不快,这令邓小平等人感到担忧。于是,中央组织了一些富有经验的同志到北京的几所高校进行实地调研,对高校领导班子建设和拨乱反正情况进行重点摸底。在认真审阅提交上来的报告后,邓小平专门约见北京大学和清华大学的党委书记、校长,就如何办好大学进行了谈话。冲破"两个凡是"思想禁区的工作,最早就是以推翻"两个估计"作为突破口的。随着教育战线的拨乱反正,全国各地教育界以及各单位知识分子的大量冤假错案得以纠正和平反,中国教育界重新确立了"解放思想,实事求是"的马克思主义思想路线,并开始从里到外、从上到下进行恢复和调整。在推动中国教育事业的恢复和发展过程中,邓小平的两个重要决策起到了至关重要的作用。

第一个重要决策就是恢复高等学校招生考试制度。"文化大革命"发动后不久,高校原有的招生制度被废止。从1970年到1976

---

① 《邓小平文选》第2卷,人民出版社1994年版,第71页。

年，按照"自愿报考，群众推荐，领导批准，学校复查"的原则，全国招收工农兵学员共七届94万人。由于废除了招生考试，工农兵学员的文化程度差别很大。据1972年5月北京市11所高校的调查结果显示，在校学员入学前文化程度为：初中以上的占20%，初中的占60%，相当于小学程度的占20%。回顾这种状况，邓小平痛心疾首地指出："同发达国家相比，我们的科学技术和教育整整落后了二十年。"①

复出工作后的邓小平主动请缨提出分管科学和教育工作。关于高校招生制度改革的设想，邓小平起初是想用1977年来做准备，到1978年恢复高考，同时向应届生和社会招生，从而逐步推动招生制度走向正轨。此时，教育界和知识分子们关于尽早恢复高考的诉求愈加强烈，推动了形势的加速发展。1977年8月4日至8月8日，科学和教育工作座谈会在北京召开。参加这次座谈会的人员来自全国各地，有著名的专家、学者，还有科学和教育部门的负责人。时任国家科委主任方毅的秘书郭曰方回忆说：邓小平希望通过座谈会对中国的科学和教育进行深入了解。

科教工作座谈会的议程中并没有安排太多的报告和讲话，大多是自由发言。在讨论中，专家、学者们很快就将高校招生制度作为讨论的重中之重。见此情景，邓小平问身旁的教育部部长刘西尧：今年就恢复高考，还来得及吗？刘西尧后来回忆说："我回答假如推迟开学，还来得及。小平同志便问我，报告送出去没有？我说刚送出去，还来得及追回来。小平同志让赶紧追回来，就下决心今年开始改。"② 在场

---

① 《邓小平文选》第2卷，人民出版社1994年版，第40页。
② 《百年小平》，新世界出版社2004年版，第146页。

的专家、学者们也纷纷表示，宁可晚几个月招生，1978年初开学都行。如果不实行高考，收进的学生中有很多并非"良材"，反而是一种浪费。8月8日，在科教工作座谈会结束时，邓小平明确宣布："今年就要下决心恢复从高中毕业生中直接招考学生，不要再搞群众推荐。从高中直接招生，我看可能是早出人才、早出成果的一个好办法。"①

1977年10月12日，国务院批转教育部根据邓小平的指示精神制定的《关于1977年高等学校招生工作的意见》和《关于高等学校招收研究生的意见》两个文件，宣布立即恢复高考。在各方的共同努力下，1977年冬天，570多万考生进入了憧憬已久的考场，27万人被高等学校录取。第二年，610万人报名了高考，40.2万人被高等学校录取。当莘莘学子走进考场、为中华崛起而奋笔疾书时，整个中国教育界与沉寂多年的大学校园一样，感受到了春天的气息。

第二个重要决策是明确"三个面向"的教育发展方向。

1983年10月1日，邓小平为北京景山学校题词：教育要面向现代化，面向世界，面向未来。"三个面向"是对中国教育事业在新的历史条件下如何深入发展的高度概括，明确了中国教育发展的方向。

事实上，关于"三个面向"的实践早在1977年就开始了。当时，中国国内的教材可以说是"一书"难求。为解决教材稀缺的问题，邓小平在1977年7月29日专门作出指示："要进口一批外国教材（自然科学的），要结合本国的国情编写教材，要组织一个很强的班子，编

---

① 《邓小平文选》第2卷，人民出版社1994年版，第55页。

大中小学教材,要进口日本的、英国的、美国的、法国的、西德的自然科学教材,结合我们自己的实际编好教材,以后就按新教材来上课。"① 很快,教育部获批10万美元专款,着手从一些教育大国、强国引进教材作为参考,以加快中国编写出适合本国国情教材的步伐。到1978年2月,从国外进口的教材就高达两千余册,其中主要是大学教材,占了进口教材总数的一大半。

1978年4月22日至5月16日,全国教育工作会议召开。会议主要讨论了中国教育怎样提高质量、进一步完善科学文化的教学、稳固校园纪律、提高教师的社会地位和政治地位的问题。4月28日,教育部批准北京景山学校三名小学教师为中国首批"特级教师"。这一举动很快传遍中国大地,极大地调动了教师们的授课积极性。借着这股东风,高校逐渐恢复职称评定工作。在此基础上,1979年11月初,邓小平提出"要抓紧培养、选拔专业人才,才能搞好四个现代化"②,并明确指示:"要建立学位制度,也要搞学术和技术职称"。③ 1980年2月12日,五届全国人大常委会第十三次会议通过了《中华人民共和国学位条例》,这是新中国颁布的第一部教育法律,于1981年1月1日起施行。这一条例的颁布实施,为之后我国初步形成的高等教育体系提供了法律保障。

在中国教育事业发展的问题上,邓小平同样强调对外开放。他提出,要引进一些研究手段,更新一些研究方法。派遣大量留学生出国

---

① 中共中央文献研究室编:《回忆邓小平》(中),中央文献出版社1998年版,第167—168页。
② 《邓小平文选》第2卷,人民出版社1994年版,第224页。
③ 《邓小平文选》第2卷,人民出版社1994年版,第224页。

深造,是实现中国教育"走出去""引进来"的一个大政策。有人对这样派遣留学生出国心存顾虑,既担心出国学生在思想上会受到"腐蚀",又担心学生学成之后不会回国服务。1978年6月23日,邓小平作了一个著名的大量派遣留学生的讲话。他认为,不要怕派出回不来。要大胆地派,不是派三个、五个,而是要成千上万地派。要学人家的所长,不要怕跟人家搞在一起,这样才能真正学到东西。在这方面多花点钱是完全必要的,是完全值得的。据统计,到2015年底,中国累计出国留学人数达404.21万人,年均增长率达19.06%。此外,留学生回国人数也在不断增加,从1978年的248人增加到2015年的40.91万人,累计回国人数达到221.86万人,年均增长率22.46%。留学出国与回国人数比已从3.15∶1降为1.28∶1。这些数据再一次证明,中国派遣留学生出国的政策是明智和正确的。

1985年5月27日,在"三个面向"理念的指导下,中共中央发布教育体制改革的纲领性文件《中共中央关于教育体制改革的决定》。这个决定标志着教育体制改革的全面开始。教育体制改革与中国正在进行的其他改革形成了良好互动,为中国各个领域输送了宝贵人才、提供了先进技术。这一改革对解放和发展生产力作出了重要贡献。教育体制改革如火如荼地进行,同时也推动了中国教育事业不断向前发展。到1990年,全国已有76%以上的县普及了小学教育,多数城市普及了初中教育,中等职业技术教育迅速扩大,高等教育形成多层次、多形式、学科门类比较齐全的体系。

"中国必须在世界高科技领域占有一席之地"

科技兴则民族兴,科技强则国家强。重视科学技术的历史作用,是马克思主义一以贯之的基本观点。恩格斯曾指出:"在马克思看来,科学是一种在历史上起推动作用的、革命的力量。"① 中国的改革开放,就是在深刻分析国际形势、紧紧追赶世界科技革命大势中发展起来的。在中国向现代化迈进的进程中,邓小平以特有的战略眼光考察了各国现代化的发展经验,并结合中国发展实际,提出了一整套有利于中国现代化的科技思想。

在"文化大革命"中,中国的科技事业遭到沉重打击。"科学技术是生产力"不被承认,科研机构被大量撤并,广大科技工作者被诬为"臭老九"。尽管在某些领域,中国的科技水平处于世界领先水平,但从总体上看已经大大落后于世界。1975 年,邓小平主持全面整顿期间,在听取《关于科技工作的几个问题》(汇报提纲)时,充分肯定了这一提纲中有关"科学技术是生产力"的观点。在邓小平的领导下,全面整顿成效非常显著,科技事业生机乍现,1975 年下半年,我国成功发射了三颗人造地球卫星,并且成为继美、苏之后第三个掌握回收卫星技术的国家。然而,一场名为"批邓、反击右倾翻案风"的运动很快席卷全国,邓小平第三次被打倒,科技战线的整顿被迫停止。

历经苦难终不悔。在被政治隔离的日子里,邓小平关于科学的思考并没有停止。第三次复出后,他将主要精力放在了科技战线的拨乱反正上。1977 年 5 月,邓小平同王震和邓力群谈话时表示,我出来工作的事定了,至于分工做什么,军队是要管的,我现在还考虑管科学、教育。针对西方国家科学技术飞速发展的情况,他指出:"我们要实

---

① 《马克思恩格斯选集》第 3 卷,人民出版社 1995 年版,第 777 页。

现现代化，关键是科学技术要能上去。发展科学技术，不抓教育不行。靠空讲不能实现现代化，必须有知识，有人才。没有知识，没有人才，怎么上得去？科学技术这么落后怎么行？要承认落后，承认落后就有希望了。"① 对于这件事，邓小平清醒而又忧心地说："现在看来，同发达国家相比，我们的科学技术和教育整整落后了二十年。"②

1977年7月，党的十届三中全会通过了《关于恢复邓小平同志职务的决议》。全会结束后不久，邓小平就同长沙工学院③临时委员会正副书记张文峰、高勇谈话。他在谈话中表示："你们可以花钱把外国技术资料买来，编到教材中去，也可以派留学生去学，还可以请外国技术专家来教。""科学技术人员，这些年接不上茬，十年啦。科技人员真正出成果是在三十多岁到四十多岁。对技术人员，只要努力钻技术，在技术上有贡献的，就应支持。"④ 几天后，他在同中科院负责人方毅、李昌谈话中特别强调要妥善做好科技人才的工作。他要求把有作为的科技工作者列出名单、填出表格；国外专家要求回来的，可以接收；要从全国选拔人才，组织科研队伍；科研人员的房子问题、两地分居问题要逐步解决。

1978年1月，《人民文学》发表徐迟的长篇报告文学《哥德巴赫猜想》，这篇作品的特点是"臭老九"成为了主角。性格内向的主角——中国科学院数学研究所研究员陈景润很快出了名，科学家也成了人们尊敬和向往的职业，"学好数理化，走遍天下都不怕"又重新

---

① 《邓小平文选》第2卷，人民出版社1994年版，第40页。
② 《邓小平文选》第2卷，人民出版社1994年版，第40页。
③ 长沙工学院，前身系中国人民解放军军事工程学院。1970年3月军事工程学院撤销后，学院主体部分由哈尔滨迁往长沙，更名为长沙工学院。
④ 《邓小平年谱》第4卷，中央文献出版社2020年版，第164、165页。

挂在了人们的嘴边。1978年3月18日，全国科学大会在人民大会堂召开，五千多名科技代表一起出席了这次的大会。邓小平在会上提出了"科学技术是生产力"的观点。他指出，现代科学技术的发展，使科学与生产的关系越来越密切了。科学技术作为生产力，越来越显示出巨大的作用。为了实现科学研究计划，邓小平表态说："我愿意当大家的后勤部长"。① 会上，尚处于重病之中的中国科学院院长郭沫若以《科学的春天》为题，作了长篇书面发言。他的发言充满着诗意：日出江花红胜火，春来江水绿如蓝。这是革命的春天，这是人民的春天，这是科学的春天！让我们张开双臂，热烈地拥抱这个春天吧！全国科学大会的意义是非凡的：大会制定了《1978—1985年全国科学技术发展规划纲要（草案）》，确定了科技战线的工作任务，极大地振奋了人们的精神，有力地促进了中国科学事业的发展，昭示着科学春天的来临。

此后，中国科学研究领域不断取得突破性成就。1981年9月，我国首次使用一枚运载火箭发射三颗卫星进行空间物理探测并获得成功。1982年10月，我国用潜艇在水下向预定海域发射运载火箭获得成功。这两项试验标志着我国运载火箭技术和空间技术已达到新的水平。此外，中国科学院上海生物化学研究所等单位经过13年的努力，成功实现了酵母丙氨酸转移核糖核酸的人工合成，使我国在人工合成生物大分子研究方面进入世界先进行列。

不仅是理论指导，邓小平为更好推动国家科技战略，还直接关心具体的科技项目和科技工作。20世纪80年代，高新技术的迅速发展

---

① 《邓小平年谱》第4卷，中央文献出版社2020年版，第282页。

影响着世界格局。随着美国的"星球大战"计划、欧洲的"尤里卡"计划和日本的"今后十年科学技术振兴政策"的相继出台，国际竞争明显加剧。1986年3月3日，王大珩、王淦昌、杨嘉墀、陈芳允四位科学家联合撰写了名为《关于跟踪研究外国战略性高技术发展的建议》，建议中央全面追踪世界高技术的发展，制定中国高科技的发展计划。两天后，这份建议书出现在邓小平的案头。当天，他就在这封信上作出批示："这个建议十分重要。""找些专家和有关负责同志讨论，提出意见，以凭决策。此事宜速作决断，不可拖延。"[1]

经过几个月的研究讨论，1986年8月，国务院常务会议通过了《国家高技术研究发展计划纲要》。邓小平看过这一纲要后十分高兴，当即批示："我建议，可以这样定下来，并立即组织实施。如有缺点或不足，在实施中可以修改和补充。"[2] 同年11月，中共中央、国务院转发《高技术研究发展计划纲要》，提出生物技术、航天技术、信息技术、先进防御技术、自动化技术、能源技术和新材料等7个领域中的15个主题项目，作为我国发展高科技的重点。后来，专家提出，将这一规划命名为"863"计划，以标志该计划是在1986年3月由邓小平亲自批准的。"863"计划从1987年全面铺开，上万名科学家在七大领域协同合作、各自攻关，很快就取得丰硕的科研成果。

这一时期，依靠科学技术促进农村经济发展的"星火计划"、发展高新技术产业的"火炬计划"也先后于1985年、1988年付诸实施，这些科技发展计划有力地推动了中国科技事业的发展，并且使我国在高科技领域逐渐接近世界先进水平。20世纪80年代中后期，每秒运

---

[1]《邓小平年谱》第5卷，中央文献出版社2020年版，第405页。
[2]《邓小平文选》第3卷，人民出版社1993年版，第408页。

算一亿次的"银河"计算机系统、我国第一座高能加速器——北京正负电子对撞机以及重离子加速器、同步辐射实验室、多种运载火箭和卫星等一批具有世界先进水平的高科技成果也纷纷诞生。

在开启中国科技快速发展的大门后，邓小平一直密切注视着世界科技革命浪潮的涌动。1988年，他在会见捷克斯洛伐克总统胡萨克时提出了"科学技术是第一生产力"的重要论断。这一重要论断深刻揭示了科学技术进步对当代经济发展的先导性推动作用，丰富和发展了马克思主义的生产力学说和科学技术观，为中国科技的进一步腾飞奠定坚实的理论基础。在邓小平的推动下，中国高科技的发展从两个方面齐头并进：一方面是发掘中国科技的潜能和优势，以推进高技术研究；另一方面则是顺应高科技成果商品化、产业化和国际化。"发展高科技、实现产业化"的战略决策，为中国的发展带来了蓬勃的生机。

多年以后，当邓小平即将离开他深爱的祖国和人民的时候，所留下的最后一篇华章也是关于科技工作的：2004年1月，邓小平的夫人卓琳致信时任中共中央总书记胡锦涛，表示遵照邓小平的遗愿，拿出《邓小平文选》的全部稿费捐给科技和教育事业。在邓小平诞辰100周年之际，团中央、全国青联、全国学联、全国少工委用这笔稿费共同设立了中国青少年科技创新奖励基金。时至今日，我国不仅拥有世界顶级的科研设施，还培养了一大批具有世界顶尖水平的科技人才，建成了相当完整的科学布局。邓小平的科技梦想，如今已经照进现实！

七

向邓小平学习世界眼光

古人云，自古不谋万世者，不足谋一时；不谋全局者，不足谋一域。作为中国社会主义改革开放和现代化建设的总设计师、中国特色社会主义道路的开创者和邓小平理论的主要创立者，邓小平以对当代中国和世界的深刻了解，为党和国家重新走在时代潮流前面，为中华民族以更强大的力量自立于世界民族之林规划了崭新的和切合实际的宏伟蓝图。他"立足中国大地而又面向世界，正视国情现实而又放眼未来，在研究新情况、解决新问题的过程中，高瞻远瞩地构思和设计了有中国特色社会主义的一整套发展战略"。① 他能够时刻敏锐地洞悉国际形势的变化，深刻地把握时代脉搏的跳动，"从大局看问题，放眼世界，放眼未来，也放眼当前，放眼一切方面"②，以其深邃远大的世界眼光，为中国的发展指明了方向。

---

① 中共中央文献研究室编：《十四大以来重要文献选编》（上），中央文献出版社2011年版，第391页。

② 《邓小平文选》第3卷，人民出版社1993年版，第300页。

"和平与发展是当代世界的两大问题"

对时代主题的正确判断，是一个国家战略谋划的起点，也是一个国家制定正确的纲领、路线、政策，确立对内对外战略目标、原则和策略的客观依据。改革开放的启动和深入开展，就是建立在邓小平对时代主题的深邃思考和科学判断之上的。

长期以来，我们对国际形势的认识和判断走过不少弯路。第二次世界大战后，世界形成了东西对峙、美苏争霸的两极格局。20世纪50年代末至20世纪60年代初，中国同苏联之间的矛盾日趋尖锐，以"反帝防修"口号的提出为标志，中国同时与美苏两个超级大国展开了对抗。在这种外部重压之下，我们对国际局势的判断出现了偏差，主要是高估了美苏合作的可能性，低估了美苏之间的矛盾；高估了战争和革命的可能性，低估了世界转向和平发展的可能性。在美苏争夺世界霸权的冷战时期，由于长时间面临严峻的国际环境，我们过分强调战争的危险，认为战争迫在眉睫。1966年，党的八届十一中全会提出国际形势发展的总趋势是帝国主义走向全面崩溃，社会主义走向全世界胜利，"我们过去的提法，是立足于早打、立足于大打、立足于明天就打。"[1] 这样的判断导致我们在现代化建设问题上走了很长一段弯路，没能集中精力、一心一意搞现代化建设，丧失了发展经济的有利时机，拉大了同发达国家本来就有的距离。

"文化大革命"结束后，1977年12月，中央军委召开全体会议，

---

[1] 《邓小平年谱》第4卷，中央文献出版社2020年版，第685页。

七、向邓小平学习世界眼光

以确定今后一个时期内抓纲治军、准备打仗的方针和任务。此时,我们党尚未完全转变对时代主题的认知。会议认为,世界战争不可避免,或迟或早总会爆发,我们必须抓紧时间,搞好战备。因为帝国主义、社会帝国主义制度本身就酝酿着战争。苏美争霸,总有一天要打起来。与美苏之间的世界大战相比,对中国安全的最大危险是苏联发动侵华战争。会议指出:苏修亡我之心不死,是我们最主要最危险的敌人。对此,我们要估计够、估计足,把立足点放在它向我们进攻上,准备它早打大打,搞突然袭击,准备对付最严重的局面,而决不要抱任何侥幸心理。① 但与此同时,邓小平却已开始反思国际形势,并重新思考着战争与和平的问题。他在会议上的讲话中指出:"我们有可能争取多一点时间不打仗。因为我们有毛泽东同志的关于划分三个世界的战略和外交路线,可以搞好国际的反霸斗争。另一方面,苏联的全球战略部署还没有准备好。美国在东南亚失败后,全球战略目前是防守的,打世界大战也没有准备好。所以,可以争取延缓战争的爆发。"②

准确把握世界形势,历来是我党制定政策的重要依据。深入推进改革开放,集中精力进行现代化建设,迫切需要对世界形势有着准确科学的判断。尽管导致国际局势紧张、动荡的各种因素仍未完全消失,但其已不是矛盾的主要方面。尤其是进入 20 世纪 80 年代后,随着美苏关系开始出现缓和,日本、西德等一批国家迅速崛起,美苏两个超级大国的经济实力相对下降,国际关系经历着深刻的变化。再者,由于信息技术的迅速发展,各国经济的相互影响和相互依赖程度日益加

---

① 参见林晓光:《邓小平与改革开放初期中国外交战略的调整》,《中共党史资料》2005 年第 1 期。
② 《邓小平文选》第 2 卷,人民出版社 1994 年版,第 77 页。

深，这也使得各国在处理国际关系时更强调相互对话和协调合作，减少摩擦和冲突。邓小平立足世界大格局，用务实、冷静的战略眼光观察世界的新情况新变化。他在深入研究世界形势发展变化的基础上，从第二次世界大战后的历史事实出发，对国际形势发展的走向进行了冷静、深刻的分析。他指出："对于总的国际局势，我的看法是，争取比较长期的和平是可能的，战争是可以避免的。"[1]"我们有信心，如果反霸权主义斗争搞得好，可以延缓战争的爆发，争取更长一点时间的和平。"[2]虽然战争的危险还存在，但是制约战争的力量有了可喜的发展，世界和平力量的增长将超过战争因素的增长。他分析道："第三世界的力量，特别是第三世界国家中人口最多的中国的力量，是世界和平力量发展的重要因素。"[3]中国是最希望和平、最不希望战争的。另外，西欧和东欧也是维护世界和平的力量。邓小平指出："现在我们根据客观的判断，认为西欧和东欧都是维护和平的力量。东欧、西欧都需要发展，越发展和平力量越大。为什么说欧洲是和平力量呢？因为欧洲经历了两次世界大战的灾难。要打第三次世界大战，任何一个国家都没有能力……而战争一旦打起来，首先受害的将是欧洲。"所以，"只要欧洲，包括东欧和西欧，不绑在别人的战车上，战争就打不起来。"[4]

邓小平高度关注世界和平与发展问题，提出"应当把发展问题提到全人类的高度来认识，要从这个高度去观察问题和解决问题"[5]。他

---

[1] 《邓小平文选》第3卷，人民出版社1993年版，第233页。
[2] 《邓小平文选》第2卷，人民出版社1994年版，第241页。
[3] 《邓小平文选》第3卷，人民出版社1993年版，第105页。
[4] 《邓小平文选》第3卷，人民出版社1993年版，第233页。
[5] 《邓小平文选》第3卷，人民出版社1993年版，第282页。

七、向邓小平学习世界眼光

关注广大发展中国家的命运，强调我们搞的是主张和平的社会主义，"中国和所有第三世界国家的命运是共同的。中国永远不会称霸，永远不会欺负别人，永远站在第三世界一边。"① 他强调，要反对任何形式的霸权主义，维护世界和平。

正是由于上述原因，邓小平对世界形势作出了全新的分析。他创造性地用"东西南北"四个字对这一时代主题加以概括，以此统领我国的对外、对内战略政策。1984年5月，他在会见巴西总统菲格雷多时指出："现在世界上问题很多，有两个比较突出。一是和平问题。现在有核武器，一旦发生战争，核武器就会给人类带来巨大的损失……二是南北问题。这个问题在目前十分突出。发达国家越来越富，相对的是发展中国家越来越穷。南北问题不解决，就会对世界经济的发展带来障碍。"② 同年10月，他在会见缅甸总统吴山友时指出："国际上有两大问题非常突出，一个是和平问题，一个是南北问题。还有其他许多问题，但都不像这两个问题关系全局，带有全球性、战略性的意义。"③ 1985年3月，邓小平在会见日本商工会议所访华团时强调："现在世界上真正大的问题，带全球性的战略问题，一个是和平问题，一个是经济问题或者说发展问题。和平问题是东西问题，发展问题是南北问题。概括起来，就是东西南北四个字。南北问题是核心问题。"④ 10月9日，他在会见罗马尼亚共产党总书记、共和国总统齐奥塞斯库时指出：

---

① 《邓小平文选》第3卷，人民出版社1993年版，第56页。
② 《邓小平文选》第3卷，人民出版社1993年版，第56页。
③ 《邓小平文选》第3卷，人民出版社1993年版，第96页。
④ 《邓小平文选》第3卷，人民出版社1993年版，第105页。

过去多年来，我们一直强调战争不可避免，经过这一段时间的观察，看来战争的危险依然存在，不能够掉以轻心，但是和平的力量和制约战争的力量有可喜的发展，这对于两个超级大国发动战争都有一种制约的作用，使得它们不敢轻易地发动战争。在这个问题上，我们比过去乐观一点。所以，我们一系列的措施，包括减少一百万军队，都是从这个考虑出发作出的决定。有这样的判断，才能使我们用全力来发展经济。①

在1992年的南方谈话中，邓小平进一步加深了对"和平与发展"的时代主题的认识，即"世界和平与发展这两大问题，至今一个也没有解决。社会主义中国应该用实践向世界表明，中国反对霸权主义、强权政治，永不称霸。中国是维护世界和平的坚定力量"。②

在此基础上，邓小平作出了"和平与发展是当代世界两大问题"的科学论断。对国际形势的正确分析和判断，从来都是我们成功进行革命和建设的前提。邓小平的这一科学判断，使我们对时代主题的认识实现了由"战争与革命"到"和平与发展"的重大转变，并成为我国调整国际战略和发展战略的重要依据。人类社会进入了一个和平与发展的新时期，和平与发展是当代世界各国人民的根本利益所在，人类社会将在争取和平与发展的斗争中走向未来。在和平中求发展，以发展促和平，当代世界的两大主题不可分割。由于邓小平对世界形势和时代主题的判断正确地反映了当今时代的基本特征，1987年召开的

---

① 参见《邓小平年谱》第5卷，中央文献出版社2020年版，第383页。
② 《邓小平文选》第3卷，人民出版社1993年版，第383页。

党的十三大首次将邓小平提出的和平与发展问题表述为"当代世界的主题"。邓小平对时代主题的战略判断,从此上升为中国共产党人的共同意志。

"和平与发展"时代主题的确立,是我们在实践和认识上的一个飞跃。它原则上回答了我国现代化建设的国际环境问题和我们所处的时代特征问题,使党和人民对我们身处的有利国际环境有了更加清晰客观的认知,对改革开放政策的制定产生了具有决定意义的影响,为我们集中精力进行现代化建设提供了极其重要的科学依据。正如邓小平所言:"争取比较长期的和平是可能的,战争是可以避免的……一九七八年我们制定一心一意搞建设的方针,就是建立在这样一个判断上的。"①

"中国的发展离不开世界"

习近平总书记指出:"改革开放是党和人民大踏步赶上时代的重要法宝,是坚持和发展中国特色社会主义的必由之路,是决定当代中国命运的关键一招,也是决定实现'两个一百年'奋斗目标、实现中华民族伟大复兴的关键一招。"② 正是邓小平富有历史视野的远见卓识,带领中国从封闭半封闭到全方位开放的历史性转变,解放和发展生产力,为实现中华民族伟大复兴提供了充满新的活力的体制保证和快速发展的物质条件。

---

① 《邓小平文选》第3卷,人民出版社1993年版,第233页。
② 习近平:《在庆祝改革开放40周年大会上的讲话》,人民出版社2018年版,第18页。

在日益开放的世界中，任何国家都不可能在封闭的状态下求得生存和发展。把自己封闭起来，作茧自缚、与世隔绝，这是注定要落后于时代的。从这个意义上说，对外开放是现代世界发展的客观趋势，也是现代国家生存和发展的普遍原则。在这样一个信息喷涌、互联互通的时代，能否打开国门、走向世界，已成为决定中国特色社会主义事业和现代化建设成败的一个关键问题。

邓小平曾亲身经历了中国社会主义事业由艰难创生、曲折发展到繁荣昌盛的历史，又目睹和见证了世界社会主义所经历的巨大波折和变奏。他深刻地看到了当今世界经济全球化的客观趋势，在分析中国的现代化问题时，不仅把立足点放在中国国情上，而且还把中国与周围的联系和世界发展的现状与趋势作为自己的参照系，紧紧把握时代特征和世界大势，以宽广的世界眼光和长远的历史视角敏锐地指出："现在的世界是开放的世界。""因为现在任何国家要发达起来，闭关自守都不可能。我们吃过这个苦头，我们的老祖宗吃过这个苦头。""总结历史经验，中国长期处于停滞和落后状态的一个重要原因是闭关自守。经验证明，关起门来搞建设是不能成功的，中国的发展离不开世界。""不开放不改革没有出路，国家现代化建设没有希望"。①

1978年12月22日，法国《观点》杂志把时任国务院副总理的邓小平列为1978年的新闻人物，其中很重要的一个原因就在于他"把中国对世界开放了"。也有人评论说，邓小平青年时代就留法勤工俭学，对世界先进的工业文明有着切身的感受；20世纪的国际风云变幻和世界发展趋势，他了然于胸。他不但自己坚持而且总是要求各级领导干

---

① 《邓小平文选》第3卷，人民出版社1993年版，第64、90、78、219页。

七、向邓小平学习世界眼光

部着眼于世界的全局,来观察和思考中国的问题。唯其如此,才能更清楚地认识当代中国在当今世界所处的历史方位;唯其如此,才能更好地开创中国发展的新道路新局面;也唯其如此,才能更自觉地了解中国人民在整个人类进步事业中所应承担的使命与责任。①

在邓小平看来,开放不仅仅是发展条件,也是发展动力。在我们这个时代,经济发展不可能是孤立于世界历史运动潮流之外的闭关自守。邓小平在总结中国自我封闭的经验教训时深刻指出:"中国在西方国家产业革命以后变得落后了,一个重要原因就是闭关自守。""中国要谋求发展,摆脱贫穷和落后,就必须开放。开放不仅是发展国际间的交往,而且要吸收国际的经验。"② 他反复强调,我们的现代化建设要大胆吸收和借鉴人类社会创造的一切文明成果,吸收、借鉴当今世界各国包括资本主义发达国家一切反映现代社会化生产规律的先进经营方式、管理方法,因此而可以使我国尽快缩小同西方发达国家的差距并进一步赶上和超过西方发达国家。同时,他认为,中国目前还不发达,需要外国资金和技术的帮助,但这种帮助不是单方面的。中国取得了国际的特别是发达国家的资金和技术,也会对国际经济发展作出较多的贡献。

早在"文化大革命"尚未结束时,1975年5月,邓小平访问法国,在同法国总理希拉克会谈时表示,随着中法两国政治关系的发展,应当进一步发展两国的经济关系。我们希望从一些发达国家购买更多的技术和产品,我们在这方面有着广阔的前景。1977年10月,他在

---

① 参见薄一波:《永久的怀念——在邓小平生平和思想研讨会开幕式上的书面发言》,《人民日报》2004年8月25日。
② 《邓小平文选》第3卷,人民出版社1993年版,第64、266页。

会见法国地方大报集团访华团时谈到了对外经济交往的问题。他指出，由于我们还处于发展阶段，是发展中国家，特别是在经济贸易方面还要发展，我们不仅同法国而且同国际上的经济往来也会逐步发展。我们想把世界上一切先进成果统统拿到手，但我们历来考虑到自己的支付能力，我们接受延期付款的方式。1978年5月至6月，由国务院副总理谷牧任团长的中国代表团对法国、瑞士、比利时、丹麦、西德等西欧五国进行了访问。临行前，邓小平找谷牧谈话，指示代表团详细地作一些调查研究，好的也看，坏的也看，看看人家的现代工业发展到什么水平了，也看看他们的经济工作是怎么管的，资本主义的先进的经验、好的经验，我们应当把它学回来。同年10月，在中共中央工作会议上，华国锋在会议的插话中说，中日长期贸易协定签字后，西欧着急，法国也要和我国签订这样的协定，说日本质量不如法国，积极要求发展和我们的贸易。现在我们同意与法国、英国、美国、西德、意大利订长期贸易协定。

中国实行对外开放，会不会导致走上资本主义道路？邓小平在1982年9月召开的党的十二大开幕词中作出了明确的回答："中国人民珍惜同其他国家和人民的友谊和合作，更加珍惜自己经过长期奋斗而得来的独立自主权利。任何外国不要指望中国做他们的附庸，不要指望中国会吞下损害我国利益的苦果。我们坚定不移地实行对外开放政策，在平等互利的基础上积极扩大对外交流。"[①] 1985年8月，在会见外宾谈到中国的改革开放政策时，他指出："开放政策是有风险的，会带来一些资本主义的腐朽东西。但是，我们的社会主义政策和国家

[①] 《邓小平文选》第3卷，人民出版社1993年版，第3页。

七、向邓小平学习世界眼光

机器有力量去克服这些东西。所以事情并不可怕。"①

邓小平深刻地总结历史经验和实践经验，透彻地分析了中国与世界的关系，鲜明地提出了全方位的对外开放理论。他以勇敢的开拓意识和彻底的实践品格，在马克思主义发展史上第一次把对外开放作为社会主义现代化建设的基本理论和基本实践问题提出来，注重从世界范围看中国，把中国摆在世界的总体格局中，正确地、客观地分析中国所处的情势。

在对外开放的伟大实践中，邓小平立足于中国国情，排除来自"左"和右的干扰，坚定不移推进改革开放事业大胆而稳步地、有领导有秩序地前进。1984年，他曾指出："中国的经济开放政策，这是我提出来的。"② 在对外开放中，邓小平特别注重吸收国际先进技术和经营管理经验。他倡导兴办经济特区，并将它作为改革的试验和对外开放的突破口。国务院组织的对外经济考察团和广东省委领导都有把毗邻港澳的广东深圳、珠海等地开辟为出口加工基地，以发展对外经济贸易的设想。1979年4月中央工作会议期间，广东省委领导向中央汇报工作时提出了在深圳、珠海、汕头开办出口加工区的建议。邓小平对这一建议表示赞同，并说：还是叫特区好，陕甘宁开始就叫特区嘛！中央没有钱，可以给些政策，你们自己去搞，杀出一条血路来。③ 中央赞同邓小平的意见，决定在深圳、珠海、汕头、厦门试办特区。1984年1月至2月间，邓小平对正在建设的深圳、珠海、厦门三个特区作了考察，要求把特区办成"技术的窗口，管理的窗口，知识的窗

---

① 《邓小平文选》第3卷，人民出版社1993年版，第139页。
② 《邓小平文选》第3卷，人民出版社1993年版，第77页。
③ 参见《邓小平年谱》第4卷，中央文献出版社2020年版，第510页。

口，也是对外政策的窗口"，使特区"成为开放的基地"。① 他对国内外议论纷纷的深圳特区更为关注，指出：深圳特区是个试验，一切有利于发展社会生产力的方法都可采用。深圳搞了七八年，由内向型转为外向型，变成工业基地，并能够打进国际市场。这是个很大的成绩。"现在我可以放胆地说，我们建立经济特区的决定不仅是正确的，而且是成功的。"② 1992年春天，他再次视察深圳、珠海，对特区的巨大变化无比兴奋。他在回顾改革的历史时说："对办特区，从一开始就有不同意见，担心是不是搞资本主义。深圳的建设成就，明确回答了那些有这样那样担心的人。特区姓'社'不姓'资'。"③ 从正面回答了许多关于对外开放的疑问，增强了现代化建设的信心和决心。在邓小平的决策和推动下，我国的对外开放稳步前进，不断取得新的突破。继建立4个经济特区之后，我国又相继制定了开放14个沿海城市，将长江三角洲、珠江三角洲和闽南厦漳泉三角地区划为沿海经济开放区，将海南岛辟为经济特区以及在上海浦东实行经济技术开发区和某些经济特区的政策，初步形成了由"经济特区——沿海开放城市——沿海经济开放区——内地"构成的多层次、有重点、点面结合的对外开放格局。

对外开放是全方位的，要同世界上所有不同社会制度和不同发展阶段的国家交往，一切有益的经验都要吸取和借鉴。对此，邓小平深刻指出：

---

① 《邓小平文选》第3卷，人民出版社1993年版，第51—52页。
② 《邓小平文选》第3卷，人民出版社1993年版，第239页。
③ 《邓小平文选》第3卷，人民出版社1993年版，第372页。

七、向邓小平学习世界眼光

中国在历史上对世界有过贡献，但是长期停滞，发展很慢。……同发达国家相比较，经济上的差距不止是十年了，可能是二十年、三十年，有的方面甚至可能是五十年。……所以，要实现四个现代化，就要善于学习，大量取得国际上的帮助。要引进国际上的先进技术、先进装备，作为我们发展的起点。①

美国作为西方发达国家，在生产技术等众多领域中处于世界领先地位，中国要实现社会主义现代化，需要同包括美国在内的发达国家合作。邓小平把对美外交工作与中国社会主义现代化建设事业相联系，积极创造有利于经济建设的外部环境，倡导和推动同拥有先进技术的美国开展各方面的合作。在邓小平的积极推动下，1978年12月16日，中美双方发表《关于建立外交关系的联合公报》，宣布两国政府自1979年1月1日起建立外交关系，中美两国实现关系正常化。这是两国关系中的历史性事件，也是在国际关系中有着深远影响的大事。1979年4月，邓小平在会见美国众议院议员团时指出："我们搞四个现代化，原则是自力更生。任何国家的建设总应该以自己为主，同时也接受外国的先进技术，包括接受它们提供的资金。美国在这方面可以做许多事情，各个领域都可以，我们愿意得到你们的帮助。"② 随着中美关系的发展和美苏关系的缓和，中苏关系也有所松动。在邓小平的领导下，中国外交转为实行真正的不结盟。根据世界发展趋势和自身利益要求来处理与不同类型国家的关系，使中苏关系从意识形态的

---

① 参见《邓小平文选》第2卷，人民出版社1994年版，第132—133页。
② 《邓小平年谱》第4卷，中央文献出版社2020年版，第507页。

论争转为国家利益的折冲。随着苏联在"三大障碍"问题上开始松动，中苏关系正常化开始步入正轨。1989年5月16日上午，邓小平会见了来访的苏联最高苏维埃主席团主席、苏共中央总书记戈尔巴乔夫，正式宣布中苏两国关系实现正常化。中苏关系正常化的实现，为中国的改革开放营造了稳定的外部环境，使中国在国际战略格局中处于更加主动有利的地位。曾担任外交部部长并见证中苏关系正常化的钱其琛后来回忆说：

> 此后，国际风云变幻，东欧剧变，苏联解体，世界进入了一个动荡多变的非常时期。当年确立的中苏关系正常化的框架，成为了中俄迅速建立起超越意识形态的睦邻友好关系的基础，进而发展为建设性伙伴关系，直至确立平等信任、面向21世纪的战略协作伙伴关系。如果当时错过了有利时机，后来两国关系的发展，可能会是另外一个样子。①

1989年春夏之交的政治风波之后，面对国内外对改革开放的种种质疑，邓小平旗帜鲜明地强调："改革开放政策不变，几十年不变，一直要讲到底。"② 随后，他得出结论："不坚持社会主义，不改革开放，不发展经济，不改善人民生活，只能是死路一条。基本路线要管一百年，动摇不得。只有坚持这条路线，人民才会相信你，拥护你。"③

---

① 参见钱其琛：《见证"中苏关系正常化"》，《党史纵横》2007年第1期。
② 《邓小平文选》第3卷，人民出版社1993年版，第296页。
③ 《邓小平文选》第3卷，人民出版社1993年版，第370—371页。

七、向邓小平学习世界眼光

邓小平强调，对外开放是我国必须长期坚持的基本国策，同时指出："我们的现代化建设，必须从中国的实际出发。无论是革命还是建设，都要注意学习和借鉴外国经验。但是，照抄照搬别国经验、别国模式，从来不能得到成功。这方面我们有过不少教训。"① 他认为，中国的社会主义现代化建设，必须坚持自力更生为主的原则，强调民族性，强调走自己的路，发展出自己的特色。失去了本民族的特点，一个国家就不可能真正自立于世界民族之林。一个不尊重自己的民族是谈不上发展的。走别人的路，受制于人，单纯依靠外界的帮助，是不可能真正实现现代化的。因此，"中国的事情要按中国的情况来办，要依靠中国人自己的力量来办。独立自主、自力更生，无论过去、现在和将来，都是我们的立足点。"②

邓小平富有世界眼光的决策启示我们，开放带来进步，封闭必然落后。中国的发展离不开世界，世界的繁荣也需要中国。我们统筹国内国际两个大局，坚持对外开放的基本国策，实行积极主动的开放政策，形成全方位、多层次、宽领域的全面开放新格局，为我国创造了良好国际环境、开拓了广阔发展空间。

"科学技术是第一生产力"

人类历史上每一次重大科技进步都改进了劳动工具，提高了劳动者素质，带来了劳动生产率的极大提高、产业结构的快速优化升级，给经济社会发展增添了强大驱动力。第二次世界大战后，以电子信息、

---

① 《邓小平文选》第3卷，人民出版社1993年版，第2—3页。
② 《邓小平文选》第3卷，人民出版社1993年版，第3页。

生物技术和新材料为支柱的一系列高新技术取得重大突破和飞速发展，极大地改变了世界的面貌和人类的生活。科学技术日益渗透于经济发展和社会生活各个领域，成为推动现代生产力发展的最活跃的因素。然而，"文化大革命"使我国科技事业遭到严重破坏，大批科技人员因被打成"臭老九"而遭到残酷迫害，使我国与发达国家之间的差距被逐步拉大。而在"文化大革命"结束后的20世纪70年代末，第三次科技革命浪潮蓬勃兴起，世界高科技的发展一日千里，高科技的一个突破，可以带动一批产业的更新和发展，各发达国家争先恐后地争夺着高科技的制高点。

邓小平一直非常重视我国科技事业的发展，他在青年时期就抱着"学点本事""工业救国"的理想去法国勤工俭学，对科学技术的发展有直观感受，是党内较早直接了解、感受西方工业文明和现代科学的领导人之一。1975年，周恩来病重，邓小平主持国务院工作，进行大刀阔斧的整顿，其中就包括科技方面的整顿。9月26日，他在听取中国科学院负责人胡耀邦、李昌、王光伟等汇报中科院工作和讨论《科学院工作汇报提纲》时指出，如果我们的科学研究工作不走在前面，就要拖整个国家建设的后腿，"比如我们提高工厂自动化水平，要增加科技人员，这就要靠教育。提高自动化水平，减少体力劳动，世界上发达国家不管是什么社会制度都是走这个道路。科技人员是不是劳动者？科学技术叫生产力，科技人员就是劳动者"。[①]

改革开放初期，由于受到"左"倾错误思想影响尤其是"文化大革命"对科技事业的严重破坏，我国科学技术与西方发达国家的差距

[①] 《邓小平文选》第2卷，人民出版社1994年版，第34页。

七、向邓小平学习世界眼光

仍然很大，对此，邓小平十分痛心，并产生了强烈的紧迫感和忧患意识。面对新一轮科技革命的浪潮，他紧紧把握住这一潮流，对科学技术发展的规律和对社会的影响以及发展科技的战略与措施作了系统的总结和阐述。他多次指出："现代科学为生产技术的进步开辟道路，决定它的发展方向。许多新的生产工具，新的工艺，首先在科学实验室里被创造出来。"① "不要关起门来，我们最大的经验就是不要脱离世界，否则就会信息不灵，睡大觉，而世界技术革命却在蓬勃发展。"② "科学技术是生产力，这是马克思主义历来的观点。早在一百多年以前，马克思就说过：机器生产的发展要求自觉地应用自然科学。并且指出：'生产力中也包括科学'。现代科学技术的发展，使科学与生产的关系越来越密切了。科学技术作为生产力，越来越显示出巨大的作用。"③

1977年7月17日，党的十届三中全会通过了《关于恢复邓小平同志职务的决议》，邓小平第三次复出。复出后，他自告奋勇地提出主管教育和科学两个部门。1978年春，邓小平在全国科学技术大会开幕式上指出：

> 现代科学技术正在经历着一场伟大的革命……一系列新兴的工业，如高分子合成工业、原子能工业、电子计算机工业、半导体工业、宇航工业、激光工业等，都是建立在新兴科学基础上的……当代的自然科学正以空前的规模和速度，

---

① 《邓小平文选》第2卷，人民出版社1994年版，第87页。
② 《邓小平文选》第3卷，人民出版社1993年版，第290页。
③ 《邓小平文选》第2卷，人民出版社1994年版，第87页。

应用于生产，使社会物质生产的各个领域面貌一新。特别是由于电子计算机、控制论和自动化技术的发展，正在迅速提高生产自动化的程度。同样数量的劳动力，在同样的劳动时间里，可以生产出比过去多几十倍几百倍的产品。社会生产力有这样巨大的发展，劳动生产率有这样大幅度的提高，靠的是什么？最主要的是靠科学的力量、技术的力量。①

全国科学大会的召开及邓小平的讲话，被科学家们誉为"科学的春天"。

1985年3月，邓小平在全国科技工作会议上讲话指出："七年前，也是三月份，开过一次科学大会，我讲过一篇话。主要讲了两个意思，两句话。一句叫做科学技术是生产力；一句叫做中国的知识分子已经成为工人阶级的一部分。当时，所以要讲这两条，是因为有争论。七年过去了，争论已经解决了。结论是谁做的？是实践做的，群众做的。我很高兴，现在连山沟里的农民都知道科学技术是生产力。"②

1986年10月，邓小平在会见美籍华人李政道教授时说："中国要发展，离开科学不行。""实现人类的希望离不开科学，第三世界摆脱贫困离不开科学，维护世界和平也离不开科学。"③ 在此基础上，他进一步提出了"科学技术是第一生产力"的著名论断。1988年，他又指出，"马克思说过，科学技术是生产力，事实证明这话讲得很对。依

---

① 参见《邓小平文选》第2卷，人民出版社1994年版，第87页。
② 《邓小平文选》第3卷，人民出版社1993年版，第107页。
③ 《邓小平文选》第3卷，人民出版社1993年版，第183页。

七、向邓小平学习世界眼光

我看，科学技术是第一生产力"，① 并强调："过去也好，今天也好，将来也好，中国必须发展自己的高科技，在世界高科技领域占有一席之地。"② 他还把高科技提升到一个国家的国际地位的高度，论述发展了高科技的重要意义，指出："如果六十年代以来中国没有原子弹、氢弹，没有发射卫星，中国就不能叫有重要影响的大国，就没有现在这样的国际地位。这些东西反映一个民族的能力，也是一个民族、一个国家兴旺发达的标志。""现在世界的发展，特别是高科技领域的发展一日千里，中国不能安于落后，必须一开始就参与这个领域的发展。"③

为了发展高科技，邓小平不仅立足于当下，还着眼于未来，他把科技的发展概括为世纪特征和时代特征的一个重要方面，鼓励我们要赶上时代。为此，他指出，下一个世纪是"高科技的世纪"，要求我们必须看到"世界新科技革命蓬勃发展，科技在世界竞争中的地位日益突出"这个任何国家都不能不认真对待的形势。他反复强调，"现在的世界，人类进步一日千里，科学技术方面更是这样，落后一年，赶都难赶上"。"现在世界突飞猛进的发展，科技领域更是如此，中国有句老话叫'日新月异'，真是这种情况"，并且由此提出"我们要赶上时代，这是改革要达到的目的。"④

邓小平还站在社会主义兴衰成败的战略高度来看待科技问题。1988年，他在提出"科学技术是第一生产力"这一著名论断时指出："世界在变化，我们的思想和行动也要随之而变。过去把自己封闭起

---

① 《邓小平文选》第3卷，人民出版社1993年版，第274页。
② 《邓小平文选》第3卷，人民出版社1993年版，第279页。
③ 《邓小平文选》第3卷，人民出版社1993年版，第279页。
④ 《邓小平文选》第3卷，人民出版社1993年版，第180、242页。

来，自我孤立，这对社会主义有什么好处呢？历史在前进，我们却停滞不前，就落后了。""我们的根本问题就是要坚持社会主义的信念和原则，发展生产力，改善人民生活，为此就必须开放。否则，不可能很好地坚持社会主义。拿中国来说，五十年代在技术方面与日本差距也不是那么大。但是我们封闭了二十年，没有把国际市场竞争摆在议事日程上，而日本却在这个期间变成了经济大国。"①

曾任国务委员兼国家科委主任的宋健是这样评价邓小平的："邓小平同志是我国社会主义改革开放和现代化建设的总设计师，是建设有中国特色社会主义理论的创立者，也是新时期中国科技发展战略和方针政策的奠基人。他一直是广大科技工作者的良师益友。中国和世界的科技发展始终是他最为关注的事情之一。小平同志深刻地认识到生产力发展的科学规律，准确地把握了当代社会的时代特征，提出了'科学技术是第一生产力'的科学论断，成为建设有中国特色社会主义理论的重要组成部分。这是对马克思主义生产力理论的创造性贡献。"②

当前，世界之变、时代之变、历史之变正以前所未有的方式展开。中国与世界的交流互动空前紧密，相互影响日益加深。在一个国际形势深刻变化、外部挑战愈发严峻的环境中扎实推进中国式现代化，对于我们的世界眼光、战略视野提出了更高要求。因此，我们要向邓小平学习，不断拓展世界眼光，善于观大势、谋大事，牢牢把握工作主动权，更好推动党和人民事业不断向前发展。

---

① 《邓小平文选》第3卷，人民出版社1993年版，第274页。
② 宋健：《永远铭记邓小平同志的关怀和期望》，《人民日报》1997年3月31日。

八

向邓小平学习坦荡无私

邓小平一生为党和人民赤诚奉献,坚持把党和国家的前途命运放在心中最高位置。他曾深情地说:"我的生命是属于党、属于国家的。"① 身为功勋卓著的领袖,他从不看重个人名誉地位,一贯反对突出个人。他以唯物主义者的精神看待生死,通透豁达、处之淡然。习近平总书记高度评价了邓小平坦荡无私的伟大品格,指出:"坦荡无私,是邓小平同志一生最光辉的人格魅力。"② 邓小平用毕生的行动和实践,诠释了共产党人"坦荡无私"的崇高境界。

"要把毛主席作为我们党和国家的缔造者来纪念"

"文化大革命"结束以后,在拨乱反正、解放思想过程中,对"文化大革命"和毛泽东以及毛泽东思想的议论出现了两种倾向:一种倾向是一些人受"左"的思想束缚,对党的十一届三中全会以来的

---

① 《邓小平文选》第3卷,人民出版社1993年版,第323页。
② 习近平:《在纪念邓小平同志诞辰110周年座谈会上的讲话》,《人民日报》2014年8月21日。

路线方针政策表现出某种程度的不理解甚至是抵触情绪。另一种倾向是极少数人利用党进行拨乱反正的时机,曲解"解放思想"的口号,极端夸大党所犯的错误,企图否定党的领导,否定社会主义制度,否定毛泽东和毛泽东思想。后一股思潮混杂在群众要求平反冤假错案的呼声中,产生了不小的影响。对于这两种情况,若任其发展,势必会搞乱人们的思想,给党和国家事业造成严重后果。

针对这些思想混乱状况,邓小平始终站在党和国家的高度和历史的高度沉着予以应对。他实事求是地引导全党审慎而全面地评价毛泽东和毛泽东思想,成功解决了这一问题。

正确评价毛泽东和毛泽东思想,首先要打破"两个凡是"的思想桎梏。1977年2月7日,《人民日报》、《红旗》杂志、《解放军报》社论《学好文件抓住纲》提出了"两个凡是"的方针,即凡是毛主席作出的决策,我们都坚决维护,凡是毛主席的指示,我们都始终不渝地遵循。1977年4月,"两个凡是"的方针提出后不久,尚未恢复领导职务的邓小平在给党中央的信中提出:"我们必须世世代代地用准确的完整的毛泽东思想来指导我们全党、全军和全国人民。"① 此后,他又在不同场合多次批评了"两个凡是"。1978年6月2日,邓小平在全军政治工作会议上发表讲话,批评有些人在对待毛泽东和毛泽东思想上的"两个凡是"的错误态度,并着重阐述了毛泽东关于实事求是的观点。

1979年3月,邓小平在党的理论工作务虚会上发表了《坚持四项基本原则》的讲话。他明确指出,我国"必须坚持社会主义道路,

---

① 《邓小平年谱》第4卷,中央文献出版社2020年版,第157页。

坚持无产阶级专政，坚持共产党的领导，坚持马列主义、毛泽东思想"①。他还特别强调，"毛泽东同志的事业和思想，都不只是他个人的事业和思想，同时是他的战友、是党、是人民的事业和思想，是半个多世纪中国人民革命斗争经验的结晶""毛泽东思想过去是中国革命的旗帜，今后将永远是中国社会主义事业和反霸权主义事业的旗帜，我们将永远高举毛泽东思想的旗帜前进"。②他提出，要采取具体分析的态度对待毛泽东的缺点和错误，"只有这样，我们才是公正地、科学地、也就是马克思主义地对待历史，对待历史人物。如果谁在对待这样严肃的问题上离开了马克思主义，那末，他就会受到党和群众的责难"。③这篇重要讲话，指明了改革开放和现代化建设的社会主义方向，也为正确评价毛泽东的功过是非奠定了坚实的基础。

1980年8月，意大利著名记者奥琳埃娜·法拉奇来到中国，她此行的目的是采访邓小平。出于记者的敏感性，她注意到了曾经四处悬挂的毛泽东像比起从前少了很多，于是，在采访邓小平时，法拉奇直接尖锐地向邓小平提出了这一问题："天安门上的毛主席像，是否要永远保留下去？"对此，邓小平斩钉截铁地回答说："永远要保留下去"，我们不赞成的是形式主义的、无原则的颂扬，但是，毛泽东"终究是中国共产党、中华人民共和国的主要缔造者"。他列举了毛泽东在实践上和思想理论上的伟大贡献，并指出："没有毛主席，至少我们中国人民还要在黑暗中摸索更长的时间"，因而，"拿他的功和过

---

① 《邓小平文选》第2卷，人民出版社1994年版，第173页。
② 《邓小平文选》第2卷，人民出版社1994年版，第172页。
③ 《邓小平文选》第2卷，人民出版社1994年版，第172页。

来说，错误毕竟是第二位的。他为中国人民做的事情是不能抹杀的。从我们中国人民的感情来说，我们永远把他作为我们党和国家的缔造者来纪念"。在这里，邓小平明确指出毛泽东是功大于过，并明确地否定和拒绝了"非毛化"的错误主张。正是在实事求是的科学分析的基础上，邓小平明确表示："我们不会像赫鲁晓夫对待斯大林那样对待毛主席。"① 这是他明确地向国际社会传递中国共产党正确评价毛泽东的鲜明态度。

几天后，法拉奇在美国的《华盛顿邮报》全文发表了这次采访记录，引起了世界范围内的巨大反响。邓小平通过法拉奇，给世界所有关注中国的国家和人们吃了一颗"定心丸"。

在国内重要会议和会见外宾等重要场合多次对"文化大革命"、毛泽东和毛泽东思想作出评价的同时，邓小平等中央领导愈发感到，用党的决议的形式对"文化大革命"和毛泽东的历史地位以及毛泽东思想的指导作用等重大问题作出正式结论是一个极端重要和紧迫的问题。

1979年11月，中共中央正式成立以胡乔木为主要负责人的《关于建国以来党的若干历史问题的决议》（以下简称《决议》）起草小组。

在接下来的近两年时间里，《决议》的起草成为了这一时期邓小平集中抓的一项主要工作。他先后十多次召集起草组开会，对起草工作发表了许多重要指示。在这一过程中，邓小平关注的核心问题就是如何科学评价毛泽东的历史地位和毛泽东思想。1980年3月，

---

① 《邓小平文选》第2卷，人民出版社1994年版，第344、345、347页。

八、向邓小平学习坦荡无私

他提出，《决议》要体现三条总的要求，其中第一条就是确立毛泽东同志的历史地位，坚持和发展毛泽东思想，并强调"这是最核心的一条"①。

为了使《决议》能达到确立毛泽东的历史地位、坚持和发展毛泽东思想的要求，邓小平不厌其烦，一再在各种场合阐述发挥，强调要高举毛泽东思想的旗帜，"毛泽东思想这个旗帜丢不得"②。他指出，要正确地评价毛泽东思想，科学地确立毛泽东思想的指导地位，就要把毛泽东思想的主要内容特别是今后还要继续贯彻执行的内容用比较概括的语言写出来。他一再强调："决议中最核心、最根本的问题，还是坚持和发展毛泽东思想。"③

对《决议》起草过程中出现的那些否定毛泽东和毛泽东思想的错误言论，邓小平则坚决予以了抵制，并进行了理直气壮的批驳。他强调，要实事求是地评价毛泽东的功过，肯定并且继续坚持毛泽东思想，在这个问题上不能让步。"对毛泽东同志的评价，对毛泽东思想的阐述，不是仅仅涉及毛泽东同志个人的问题，这同我们党、我们国家的整个历史是分不开的。要看到这个全局。"④ 针对有人提出在《决议》文稿中不要专门写毛泽东思想的部分，邓小平坚定指出，写毛泽东思想的部分，这一部分不能不要，这不只是个理论问题，它还是个政治问题，是国际国内的很大的政治问题。如果不写或写不好这个部分，整个决议都不如不做。⑤

---

① 《邓小平文选》第 2 卷，人民出版社 1994 年版，第 291 页。
② 《邓小平文选》第 2 卷，人民出版社 1994 年版，第 298 页。
③ 《邓小平文选》第 2 卷，人民出版社 1994 年版，第 296 页。
④ 《邓小平文选》第 2 卷，人民出版社 1994 年版，第 299 页。
⑤ 参见《邓小平文选》第 2 卷，人民出版社 1994 年版，第 299 页。

经过一年多的起草工作和广泛征求意见，1981年6月，党的十一届六中全会通过了《决议》。《决议》实事求是地评价了毛泽东的历史地位，充分肯定了毛泽东思想作为党的长期坚持的指导思想的伟大意义。《决议》的形成，表明中国共产党对自己包括领袖人物的失误和错误采取郑重的态度，敢于承认，正确分析，坚决纠正，从而使失误和错误连同党的成功经验一起成为宝贵的历史教材。

邓小平在"文化大革命"中两次被打倒，其身心受到了各种折磨。他曾说，"文化大革命"是自己一生中最痛苦的时期。而这都与毛泽东的错误有直接或间接的关系。但邓小平丝毫不计较个人恩怨，没有像西方人猜测赫鲁晓夫对待斯大林那样对待毛泽东，而是亲自主持起草《决议》，维护了毛泽东的历史地位，科学地评价了毛泽东思想，表现出了作为一名真正的共产党人实事求是的立场和坦荡无私的胸怀。曾任人民日报社社长的邵华泽感慨地说："你讲'文化大革命'也好，你讲毛泽东同志的错误也好，那小平同志受的打击最大，我们经常讲这个，几次被打倒、被整，受的苦也最大。但是，他不是从个人感情出发来看这个问题，他从党的事业，从我们的历史，从我们的实际出发。"① 习近平总书记曾动情地评价邓小平的这一决策展现了"一个伟大马克思主义政治家的眼界和胸怀"，并指出："试想一下，如果当时全盘否定了毛泽东同志，那我们党还能站得住吗？我们国家的社会主义制度还能站得住吗？那就站不住了，站不住就会天下大乱。"② 随着国内建设的发展和国际局势的不断变化，邓小平作出这个

---

① 12集大型电视文献纪录片《邓小平》（解说词），中央文献出版社1997年版，第137页。

② 《习近平著作选读》第1卷，人民出版社2023年版，第80页。

重大决策的深远意义开始越来越显现出来。邓小平科学评价毛泽东和毛泽东思想，对于后来中国继往开来，沿着正确轨道快速发展，形成今天这样的大好局面起到了不可估量的作用。

"永远不要过分突出我个人"

邓小平是以毛泽东同志为核心的党的第一代中央领导集体的重要成员、党的第二代中央领导集体的核心，是中国社会主义改革开放和现代化建设的总设计师，中国特色社会主义的开创者，领导党和人民取得了举世瞩目的辉煌成就。他虽功高至伟，却从不居功自傲，对个人的作用总是看得很淡，一贯反对突出个人，也从来不提及自己的功劳。

1985年10月23日，邓小平在会见美国高级企业家代表团时，针对《时代》杂志编辑普拉格提出的"如果今后你不在了，你希望人民如何来怀念你"的问题坦荡回答道："永远不要过分突出我个人。"[①]

1986年9月2日，在接受美国记者迈克·华莱士采访时，邓小平被问到了这样一个问题："到现在为止，还没有看到在中国的任何场合挂您的照片，这是为什么?"对此，邓小平答复道："我们不提倡这个。个人是集体的一分子。任何事情都不是一个人做得出来的。"[②]

1987年11月16日，邓小平在会见日本社会党委员长土井多贺子时说："我们党的十三大报告是集体创作，集中了几千人的智慧，有许多内容并不是我提出来的，当然，其中也有我的看法和意见，但大

[①] 《邓小平文选》第3卷，人民出版社1993年版，第150—151页。
[②] 《邓小平文选》第3卷，人民出版社1993年版，第173页。

部分是集体的意见。一九七八年党的十一届三中全会以来的路线、方针和政策的制定，我是出了力的，但不只是我一个人。所以，不能把九年来的成绩都写到我个人的账上，可以写我是集体的一分子。过分夸大一个人的作用并不有利。"①

邓小平从不独揽功劳，更不推卸责任。1980年，在党的十一届五中全会总结"大跃进"的历史时，邓小平诚恳地说：

> 不要造成一个印象，好像别人都完全正确，唯独一个人不正确。这个话我有资格讲，因为我就犯过错误。一九五七年反右派，我们是积极分子，反右派扩大化我就有责任，我是总书记呀。一九五八年的大跃进，我们头脑也热，在座的老同志恐怕头脑热的也不少。这些问题不是一个人的问题。我们应该承认，不犯错误的人是没有的。拿我来说，能够四六开，百分之六十做的是好事，百分之四十不那么好，就够满意了，大部分好嘛②。

1980年4月，邓小平在指导起草历史决议时谈到了我们党在历史上所犯的错误，他指出："中央犯错误，不是一个人负责，是集体负责"。③ 后来，邓小平在接受法拉奇的采访时还表示："我自己能够对半开就不错了。但有一点可以讲，我一生问心无愧。"④

---

① 《邓小平文选》第3卷，人民出版社1993年版，第258页。
② 《邓小平文选》第2卷，人民出版社1994年版，第277页。
③ 《邓小平文选》第2卷，人民出版社1994年版，第296页。
④ 《邓小平文选》第2卷，人民出版社1994年版，第353页。

八、向邓小平学习坦荡无私

此外，邓小平还反复强调了人民群众在社会主义事业中所起到的巨大推动作用。他说："我个人做了一点事，但不能说都是我发明的。其实很多事是别人发明的，群众发明的，我只不过把它们概括起来，提出了方针政策。"①

20世纪80年代，我国的乡镇企业在短时间内取得了迅猛发展。邓小平在同外宾谈及乡镇企业时说："我们完全没有预料到的最大的收获，就是乡镇企业发展起来了，突然冒出搞多种行业，搞商品经济，搞各种小型企业，异军突起。这不是我们中央的功绩。"②

1992年7月，邓小平在审阅党的十四大报告时指出："乡镇企业是谁发明的，谁都没有提出过，我也没有提出过，突然一下子冒出来了，发展得很快，见效也快。家庭联产承包责任制也是由农民首先提出来的。这是群众的智慧，集体的智慧。我的功劳是把这些新事物概括起来，加以提倡。报告对我的作用不要讲得太过分，一个人、几个人，干不出这么大的事情。"③

邓小平的长子邓朴方曾这样评价他的父亲：我父亲这个人很少谈到自己，但他有几句话我印象特别深。他说，如果说我有功劳，我只不过是把人民群众的创造发明给总结了，加以推广，这就是我做的事情，这就是我的功劳。我父亲这个人很朴实，他从来不愿意宣传自己。他认为，为他的祖国，为人民做事，是一个国家领导人应该做的事情。

邓小平一生中很少向别人谈论自己的功绩，也不喜欢别人为他树碑立传、歌功颂德。他几乎没有写过回忆文章，即便是在退休后和很

---

① 《邓小平文选》第3卷，人民出版社1993年版，第272页。
② 《邓小平文选》第3卷，人民出版社1993年版，第238页。
③ 《邓小平年谱》第5卷，中央文献出版社2020年版，第648页。

多老同志"随便聊聊天",也是回顾党和军队的历史,很少讲到自己。他对来访的美国记者迈克·华莱士说:"就我个人来说,我从来不赞成给我写传……如果要写传,应该写自己办的好事,也应该写自己办的不好的事,甚至是错事。"① 1988年9月5日,在同来访的捷克斯洛伐克总统胡萨克谈话时,邓小平表示:"很多外国记者要来采访我,搞我的什么传,我都婉拒了。我认为过分夸大个人作用是不对的。"②

1989年9月4日,邓小平在同几位中央负责同志谈话时又说:"我多次拒绝外国人要我写自传。如果自传只讲功不讲过,本身就变成了歌功颂德,吹嘘自己,那有什么必要?至于一些同志回忆自己的历史,写一些东西,那很有益处。聂荣臻同志写的那一段亲自经历的事,很真实。有人也写了自己的错误,比如李维汉同志。但有些自传还是宣扬自己的多,这种事情值不得赞扬。"③

邓小平一生坦荡无私,他不摆功、不讳过,既不贪恋权力,又不居功自傲,而是对自己的功过作出了恰如其分的评价,充分展现了他光明磊落、襟怀荡荡的高尚人格。

"我的生命是属于党、属于国家的"

1920年,16岁的邓小平远渡重洋赴法国勤工俭学。此后几年,在现实斗争和实践比较中,他逐渐确立了马克思主义信仰,并加入了中国共产党。1926年,邓小平来到莫斯科中山大学学习,他在给党组织

---

① 《邓小平文选》第3卷,人民出版社1993年版,第173页。
② 《邓小平文选》第3卷,人民出版社1993年版,第273页。
③ 《邓小平文选》第3卷,人民出版社1993年版,第317页。

的自传中写道:"我来俄的志愿,尤其是要来受铁的纪律的训练,共产主义的洗礼,把我的思想行动都成为一贯的共产主义化。我来莫的时候,便已打定主意,更坚决的把我的身子交给我们的党,交给本阶级。从此以后,我愿意绝对的受党的训练,听党的指挥,始终为无产阶级的利益而争斗!"①此后的几十年间,在革命、建设、改革的各个时期,邓小平都始终把党和国家前途命运放在心中最高的位置,把为党和人民事业顽强奋斗作为执着的人生追求,把自己的一切献给了党和人民。

邓小平曾三落三起,人生历经坎坷。他一次次被打倒,又一次次站起来,愈挫愈奋。在被错误打倒和蒙受冤屈时,他从不怨天尤人,也不计较个人荣辱得失,总是以对党和人民无限忠诚和无私无畏的情怀,愈加激起探索真理的勇气,更加深入地思索中国革命、建设、改革的经验教训和根本规律问题,并发奋要有新的更大作为。

在中央苏区反"江西罗明路线"中,邓小平受到了工作和家庭的双重打击,陷入人生"第一落"中。但他沉着面对磨难,不分昼夜编辑《红星》报,全身心搞好部队宣传工作。"文化大革命"开始后不久,邓小平受到错误批判和斗争,被剥夺一切职务,陷入人生"第二落"中。在人生低谷中,邓小平依旧对党和人民无限忠诚,坚持思考党和国家的前途命运问题。1975年,邓小平主持中央日常工作,他不顾个人荣辱,冒着再次被打倒的风险,大刀阔斧整顿"文化大革命"以来所造成的严重混乱局面。1976年4月,他再次被错误撤职、批判,陷入人生"第三落"中。但他依旧没有因此被击垮。1976年底,

---

① 《邓小平年谱》第1卷,中央文献出版社2020年版,第28页。

邓小平因病住院期间，当医务人员问他出来工作准备怎么干时，邓小平淡然地说：我还是那一套，无非第四次被打倒。①

粉碎"四人帮"后，1977年7月，党的十届三中全会决定恢复邓小平职务，已经73岁的邓小平虽经历磨难，但仍初心不改，他说："作为一名老的共产党员，还能在不多的余年里为党为国家为人民做一点力所能及的事情，在我个人来说是高兴的。出来工作，可以有两种态度，一个是做官，一个是做点工作。我想，谁叫你当共产党人呢，既然当了，就不能够做官，不能够有私心杂念，不能够有别的选择，应该老老实实地履行党员的责任，听从党的安排。"② 这段话道出了邓小平对党和人民的一片赤诚，真实反映了他一生坦荡无私的博大胸襟：只要国家和人民需要，他就义无反顾地奉献自己的一切。

1989年11月，邓小平从中央领导岗位上退了下来。此前的9月4日，他在给中央政治局的信中饱含深情地表达了他退休后对党和国家事业不变的情怀："作为一个为共产主义事业和国家的独立、统一、建设、改革事业奋斗了几十年的老党员和老公民，我的生命是属于党、属于国家的。退下来以后，我将继续忠于党和国家的事业。"③

退休后的邓小平依然坚持思考社会主义的前途和命运，并关心关注党和国家的长远发展。20世纪90年代，我国社会主义事业发展面临着巨大的困难和压力，能否坚持党的基本路线不动摇，抓住机遇、加快发展，把改革开放和现代化建设继续推向前进，成为中国共产党

---

① 参见李炎唐口述，赤男整理：《邓小平就医301》（续），《中华儿女》2003年第6期。
② 《邓小平年谱》第4卷，中央文献出版社2020年版，第162页。
③ 《邓小平文选》第3卷，人民出版社1993年版，第323页。

人必须回答和解决的重大课题。在党和国家历史发展的紧要关头，1992年初春，88岁高龄的邓小平怀着对党和人民事业的高度责任感再次走上历史舞台，先后到武昌、深圳、珠海、上海等地视察，并发表了一系列重要谈话。

在视察南方期间，邓小平不顾年老体弱、舟车劳顿，每到一地便急切地深入基层实地调研。据时任广东省委书记谢非回忆：小平同志在广东视察工作11天，不辞辛劳，仅仅休息了两天，其余时间天天到基层实地考察。他一路走、一路看，谈了许多至关重要的问题，针对许多人在坚持和发展中国特色社会主义、深入推进改革开放等根本性问题上存在的困惑，并有针对性地作出了解答。他强调，改革开放胆子要大一些，敢于试验。看准了的，就大胆地试，大胆地闯。社会主义的本质是解放生产力，发展生产力，消灭剥削，消除两极分化，最终达到共同富裕。坚持"一个中心、两个基本点"的党的基本路线要一百年不动摇。他还分析了计划和市场的关系，提出了判断姓"社"姓"资"的三条标准，指出要坚持两手抓、两手都要硬等许多关系党和国家的前途命运、关系社会主义建设事业成败的重大问题。面对世界社会主义出现的低潮，邓小平满怀信心地指出，我坚信，世界上赞成马克思主义的人会多起来的，因为马克思主义是科学。巩固和发展社会主义制度，还需要一个很长的历史阶段，需要我们几代人、十几代人、甚至几十代人坚持不懈地努力奋斗，决不能掉以轻心。

"东方风来满眼春"。邓小平南方谈话阐发的一系列全新的思想，犹如一股强劲的东风，驱散了人们思想上的迷雾，从理论上深刻回答了长期困扰和束缚人们思想的许多重大问题，是把改革开放和现代化建设推向新阶段的又一个解放思想、实事求是的宣言书，不仅对1992

年 10 月召开的党的十四大具有十分重要的指导作用,而且对整个社会主义现代化建设事业具有重大而深远的意义。

对于父亲的此次南方之行,邓小平的长子邓朴方评价道:他最后讲这些话都是把命拼上了,你看他讲话多激动啊,多频繁啊,多恳切啊,多用心啊!他毫无保留地付出了自己的感情,甚至把自己那点精气神都要用完了。从南方视察回京后,他的身体就垮下来了。我想,他应该是觉得自己完成了一名共产党员的职责,向党和人民交了最后的答卷,可谓是"春蚕到死丝方尽"。①

邓小平的二女儿邓楠回忆道:1992 年去深圳的时候,他一直滔滔不绝地在说。我曾经打断过他两次,我说爸爸,休息一会儿吧,休息一会儿吧。但是等到我这话刚一落,他又开始说。我觉得他是最后要为国家、为人民做一点交代。他认为中国应该怎么发展、怎么样帮助中国走上正确的道路,他也感觉到自己 88 岁,时间也不多了,所以他真是有一些不吐不快。②

邓小平 16 岁迈出邓家老宅,离开广安,义无反顾地投入到波澜壮阔的革命洪流之中。在长达 70 多年的革命生涯中,他孜孜不倦地求索着救国救民、强国富民的真理。他心里惦记的是整个中国的命运与全国人民的幸福,一句"我是中国人民的儿子,我深情地爱着我的祖国和人民"道出他为了祖国和人民呕心沥血、矢志奋斗的伟大精神。

---

① 参见中共中央文献研究室邓小平研究组编:《永远的小平》,四川人民出版社 2014 年版,第 34 页。

② 参见邓小平思想生平研究会编著:《精神的力量——改革开放中的邓小平》,商务印书馆 2019 年版,第 218 页。

"我哪天去,哪天走,不关紧要"

邓小平是彻底的唯物主义者,又是一个纯粹的人。对待人生,他通透豁达;对待生老病死,他处之淡然。

邓小平对病痛有着极大的承受力:他身体不舒服时,也不愿意麻烦医生,常常是医生和护士细心观察才发现的。1976 年,邓小平因患前列腺炎,出现了严重的尿潴留,在解放军三〇一医院接受了一次手术。手术前一天,泌尿科的专家去病房看望他。邓小平见到医生后便说道:你放心,我没事。他还宽慰医生说:你早点回去睡觉吧。世界上没有绝对的事情,出了什么问题,由我、由我们全家负责。①

在邓小平的保健医生郭勤英的记忆中,邓小平的健康状况一直都很不错,只是到晚年患上了帕金森病。这是一种损害神经系统的疾病,非常折磨人。但郭勤英记得,邓小平从来没有呻吟过一声,他躺在那里很安静,就像没有人在房间里一样。

护士黄琳回忆说:他(指邓小平)是一个非常坚强的人。我们在医院也见过很多最后被疾病折磨得非常痛苦的病人,一般肯定会有些呻吟,有些叫喊,或者跟医生护士反映说怎么难受,而且有的时候脾气也会比较暴躁。还有的病人不同医生合作,对治疗有抵触情绪。可是在首长身上没有,他总是一声不吭。我知道他临终前是比较痛苦的,但他仍然表现得很平静。我们有时候也问:您想说点什么吗?他就会说,该说的都说过了。

---

① 参见邓小平故里管理局编:《邓小平品格风范》,浙江人民美术出版社 2022 年版,第 284 页。

在邓小平的影响下,他的家人也都是唯物主义者,所以家里也经常会谈到生死的问题。邓小平从不忌讳谈论关于死亡的问题。他曾经对家人说:"我哪天去,哪天走,不关紧要。自然规律违背不得,你们要想透这个问题。"①

在家里的饭桌上,大家开玩笑,经常就会谈论起这个问题。可邓小平总是坦荡地表示,将来我要是死了,你们不要给我建墓碑,也不要保留我的骨灰。

有一次,在谈起这个话题时,邓小平跟家人说:要是我死了,就把我的骨灰撒到院子里的樱桃树下吧。结果家里人也开玩笑地说:你要是把骨灰撒在那儿,那樱桃树结的果子我们就不敢吃啦!②

生死这件事在邓小平和他的家人们看来从来都不是禁忌。邓小平的小女儿邓榕说:父亲经常说早年跟周伯伯(指周恩来)这些人都有约定,将来死了以后,不留骨灰,全部都要撒掉。所以后来周伯伯的骨灰撒掉了,父亲的骨灰也撒掉了。他喜欢大自然,热爱大自然,他认为他是属于大自然的。我们也觉得应该让他回归大自然,正好这样可以让父亲无时无刻不在,他永远都跟我们在一起,在天地万物之间。父亲也说过,遗体全部捐献给医学研究,还要有点用。③

1989年9月,邓小平在同中央负责同志商量退休问题时也曾说过:"我退休方式要简化,死后丧事也要简化,拜托你们了。"④

---

① 《邓小平年谱》第5卷,中央文献出版社2020年版,第646页。
② 参见邓小平故里管理局编:《邓小平品格风范》,浙江人民美术出版社2022年版,第285页。
③ 参见中共中央文献研究室邓小平研究组编:《永远的小平》,四川人民出版社2014年版,第117页。
④ 《邓小平文选》第3卷,人民出版社1993年版,第317页。

八、向邓小平学习坦荡无私

1997年2月19日，邓小平患帕金森病晚期，并发肺部感染，因呼吸循环功能衰竭，经抢救无效，在北京逝世。按照邓小平生前的愿望，他将角膜捐献了出来，解剖遗体供医学研究。

1997年3月2日，一架银色的专机在首都北京的上空盘旋一周后，飞向了辽阔的大海。专机上，邓小平的骨灰被鲜红的中国共产党党旗静静覆盖。邓小平的夫人卓琳和五个儿女在胡锦涛等中央领导同志的陪同下，将邓小平的骨灰撒入大海，完成了邓小平生前捐献角膜，解剖遗体供医学研究，不留骨灰，把骨灰撒入大海①的最后嘱托。

邓小平除了对生死淡然处之外，对遗产也展现出了坦荡无私的高贵品质。据子女回忆，邓小平一辈子生活很简单。他退休以后说：我没什么钱，我也不会把我这点钱留给子女。我的遗体就捐了，我还有点稿费，有多少你们给看一看。大家去问了人民出版社，《邓小平文选》的稿费大概有80多万元。于是，邓小平对家人说，虽然钱不多，但是我得捐出去。一天，他把家人都召集在一起开会，郑重地说道：你们都在这儿，咱们来研究研究，这点儿钱能干什么，捐到什么地方去。家人们你一言我一语，商量了半天也没有形成一致意见。最后，邓小平自己说，还是捐给科技和教育事业。

邓小平逝世后，卓琳带着五个子女给中央写了一封信。信中除了讲邓小平身后事如何处理外，也谈及了这件事。信中说，小平同志一辈子生活简朴，但是留下了一笔稿费。他生前有遗愿，希望把这笔稿费捐给科技和教育事业。具体怎样捐，做什么，由中央来考虑。②

---

① 参见《邓小平年谱》第5卷，中央文献出版社2020年版，第673页。
② 参见中共中央文献研究室邓小平研究组编：《永远的小平》，四川人民出版社2014年版，第118页。

对于这件事情，中央十分重视，胡锦涛亲自过问，还特意去看望了卓琳，当面同卓琳商量了此事。最终，由团中央发起，利用邓小平留下的这笔稿费，创立了中国青少年科技创新奖励基金。基金设中国青少年科技创新奖，主要奖励在校大、中、小学生，每年奖励100人左右。基金创立以后，得到了社会各界的大力支持。基金自创立至今，已经有很多年了，今天仍在正常运转中。为了扩大影响，基金还资助开展了"未来杯"全国中学生创意设计竞赛、中国青少年科技创新论坛、中国青少年科技夏令营等众多科技创新活动。中国青少年科技创新奖励基金的设立，鼓励了青少年的科技创新精神，为我国未来科技事业的发展作出了重要贡献。

邓朴方在回忆父亲时曾经说过：我最佩服的是他真是一个无私的人，一个有人情味的人。他真的是为了中国的老百姓能过上幸福的生活，为了中国的富强倾注了一生，而对自己不要求任何的回报。比如说"文化大革命"他刚出来的时候，他跟"四人帮"斗争，他跟毛主席说，毛主席你是把我放在刀尖上。他跟周总理说，他的个性要跟"四人帮"斗，不会像总理那样忍辱负重，他的性格不是这样的，所以要大刀阔斧地搞整顿。那时候他的想法就是，反正让我干，我就要真的为老百姓做点儿实事，为中国扭转"文化大革命"的局势，把崩溃的经济扭转过来，要是有一天我被打倒了那就算了。他真的做好了再一次被打倒的准备，所以再一次被打倒也是他意料之中的事情。确实我觉得他这一辈子真的很无私，真是把自己的心掏给了中国的老百姓。①

---

① 参见邓小平故里管理局编：《邓小平品格风范》，浙江人民美术出版社2022年版，第285页。

八、向邓小平学习坦荡无私

坦荡无私，是马克思主义者的崇高境界。2019年3月，习近平总书记在中央党校（国家行政学院）中青年干部培训班开班式上发表重要讲话时强调："光明磊落、坦荡无私，是共产党人的光辉品格，也是干部应该锤炼的品质修养"①。我们要学习邓小平坦荡无私的博大胸襟，实干担当、无私奉献、淡泊名利、不计得失，不断加强党性修养、锤炼政治品格、培养高尚道德情操，以强烈责任感和历史使命感，为全面建设社会主义现代化国家、全面推进中华民族伟大复兴而奋斗。

---

① 习近平：《论党的自我革命》，中央文献出版社、党建读物出版社、中国方正出版社2023年版，第269页。

九
向邓小平学习大局观念

1956年9月，毛泽东在推荐邓小平担任中共中央总书记时评价邓小平"比较顾全大局"。① 2014年8月20日，习近平总书记在纪念邓小平同志诞辰110周年座谈会上的讲话中高度评价邓小平"总是站在国内大局和国际大局相互联系的高度审视中国和世界的发展，善于从全局上思考问题"②。纵观邓小平波澜壮阔的革命生涯，每当历史的重要关口，他总是善于把国际大局和国内大局结合起来，把经济大局、政治大局以及战略大局结合起来，把民族大局和国家统一结合起来，进而出色地、创造性地完成党和人民的重托。邓小平是党内公认的具有高超整体思维的"总设计师"，是党内讲大局、顾大局的典范。

"小局服从大局"

要正确认识和解决矛盾，必须用系统的观点，着眼于矛盾的总体、

---

① 《邓小平年谱》第2卷，中央文献出版社2020年版，第661页。
② 习近平：《在纪念邓小平同志诞辰110周年座谈会上的讲话》，《人民日报》2014年8月21日。

九、向邓小平学习大局观念

全局，集中精力抓住并解决对全局发展起决定作用的主要矛盾。善于抓住和集中主要精力解决主要矛盾，是正确认识大局的基础，也是无产阶级政党正确制定战略策略的重要科学依据。大事抓住了，小事就迎刃而解。树立正确的大局观，就要从历史规律和实践逻辑相结合的高度把握问题、认识趋势，在实际工作中正确认识和处理局部利益和全局利益、当前发展和长远发展的关系。邓小平认为，看问题、作决策首先要着眼整体和全局，必须用整体性、系统性的思维方式，把整体性、系统性的决策方法放在突出位置，决不能顾此失彼。他多次强调："个人利益要服从集体利益，局部利益要服从整体利益，暂时利益要服从长远利益，或者叫做小局服从大局，小道理服从大道理。"①"治理国家，这是一个大道理，要管许多小道理。那些小道理或许有道理，但是没有这个大道理不行。"②"考虑任何问题都要着眼于长远，着眼于大局。许多小局必须服从大局，关键是这个问题。"③

1926 年，青年邓小平在莫斯科中山大学学习时写的自传中就已经对个人利益和集体利益有了清楚的认识，他写道："我来莫的时候，便已打定主意，更坚决地把我的身子交给我们的党，交给本阶级。从此以后，我愿意绝对的受党的训练，听党的指挥，始终为无产阶级的利益而争斗！"④ 这是青年邓小平革命心境的真实写照。自从信仰马克思主义、加入中国共产党后，邓小平就把个人的利弊得失置之度外，而把"无产阶级利益"和民族的复兴放在最高位置。

---

① 《邓小平文选》第 2 卷，人民出版社 1994 年版，第 175 页。
② 《邓小平文选》第 3 卷，人民出版社 1993 年版，第 124 页。
③ 《邓小平文选》第 3 卷，人民出版社 1993 年版，第 298 页。
④ 《邓小平年谱》第 1 卷，中央文献出版社 2020 年版，第 28—29 页。

全民族抗战时期，邓小平的大局观念有了突出的展现。从开辟以太行为中心的晋冀豫抗日根据地到领导整个华北地区抗日战争和根据地的建设，即使战场形势瞬息万变，日常工作纷繁复杂，但邓小平并没有陷入事务主义之中，目光也没有局限在狭小范围之内，而是时刻提醒战友们，"我们一切政策行动都应不仅照顾到根据地本身，而且要照顾到对全国的影响"①。他着眼全局又立足本地实际，从全面抗战的角度详细分析、精心指导解决了一系列本地区的财政与供给、兵运与民运、整党与建政、发展统一战线与开展对敌斗争等复杂问题，并及时总结经验上报，积极为中央出谋划策。邓小平的老部下戎子和后来回忆道："邓小平同志在当时就谈到，党对抗日民主政权的正确领导原则，是指导与监督政策。党的领导责任是放在政治原则上，而不是包办，不是遇事干涉，不是党权高于一切。他和联办以及后来的边区政府间就体现了这样一种关系。他的特点是抓大问题，不管小事。"②

邓小平在处理问题时特别能顾全大局，他的这个特点在解放战争中表现得更加淋漓尽致。1947年，邓小平和刘伯承看到毛泽东发来"陕北情况甚为困难"的电告，认识到把战争引向国民党统治区，关系战略全局和党中央在陕北的安危，困难再大也要克服。尽管敌我力量悬殊，且面临诸多困难，但邓小平和刘伯承还是把战略全局利益放在第一位，毅然决定"不要后方"，提前开始千里跃进大别山的战略进军。后来，邓小平在回顾这段历史时说：

---

① 《邓小平文选》第1卷，人民出版社1994年版，第43—44页。
② 杨国宇等编：《二十八年间》（续编），中国卓越出版公司1990年版，第22页。

九、向邓小平学习大局观念

  我们打电报给军委,说趁势还能够在晋冀鲁豫地区继续歼灭一些敌人,吸引和牵制更多的敌人,形势很好啊。毛主席打了个极秘密的电报给刘邓,写的是陕北"甚为困难"。当时我们二话没说,立即复电,半个月后行动,跃进到敌人后方去,直出大别山。实际上不到十天,就开始行动。那时搞无后方作战,困难是可想而知的啊!①

  在坚守大别山斗争的艰难日子里,邓小平经常鼓励大家说,我们困难多,是在"啃骨头",但兄弟部队开始"吃肉"了,我们啃的"骨头"越硬,兄弟部队的胜利就越大。即使在最困难的时期,部队作出了重大牺牲,邓小平仍未同意中央调陈赓、谢富治兵团等兄弟部队南下支援的考虑,而是提出让他们多休整,以利在以后打大仗。1947年12月,他在和刘伯承致陈赓、谢富治等人的电报中说:"我们认为,陈粟、陈谢对大别山的支援,不宜急躁,应作较长期的打算,主要是争取在一两个月内歼灭敌两三个师,使敌不能不从大别山抽兵。只要抽出两个师,局面即可改观。我们在大别山背重些,在三个月内,陈粟、陈谢能大量歼敌,江汉、桐柏及豫陕鄂区、淮河以北地区能深入工作,对全局则极有利。"② 1948年11月,在淮海战役的战场上,面对一场以我60万人对敌80万人的战略大决战,邓小平作为总前委书记,充分展示出了他作为卓越革命家、政治家、军事家的宏大气魄和大局观念。在全歼南线主力黄维兵团这一取得战役胜利的关键时刻,

---

  ① 参见《邓小平文选》第3卷,人民出版社1993年版,第339页。
  ② 《邓小平军事文集》第2卷,军事科学出版社、中央文献出版社2004年版,第46页。

邓小平号召全体指战员发扬"叫花子烧铺草"的精神，从大局出发，拼死一战。为了明确思想认识，他在中原野战军纵队负责人会议上强调指出："为了这个目的，在淮海战场上，只要歼灭了敌人南线主力，中野就是打光了，全国各路解放军还可以取得全国胜利，这个代价是值得的！"① 围歼战斗结束后，邓小平在给毛泽东的综合报告中对战斗经过作了这样的描述："歼黄维兵团时各部均下了最大决心，不顾任何代价，坚决消灭黄维兵团的意志一直贯彻到下面。故在整个作战过程中，各纵队虽经过三次到四次的火线编队，没有叫苦的"②。战役结束后，毛泽东还念念不忘地对邓小平等总前委的人说，淮海战役打得好，好比一锅夹生饭，还没有完全煮熟，硬是被你们一口一口地吃下去了。③

新中国成立后，邓小平作为党和国家重要领导人，长期身兼数职。在工作中，他抓大放小，着重抓全局性、方向性的问题。在任政务院副总理兼财政部长时，针对一些地方主义、本位主义和山头主义的苗头，邓小平强调，要把国家财政放在经常的、稳固的、可靠的基础上，财政工作要有全面观念，"必须保证党在过渡时期总路线、总任务的实现"。④ 在"文化大革命"中，他第二次复出不久，便不顾"四人帮"的百般阻挠，冒着再次被打倒的风险，强调实现四个现代化是全党全国的大局，大声疾呼"全党讲大局，把国民经济搞上去"。⑤ 对

---

① 钟文：《百年小平》（上），中央文献出版社2004年版，第158页。
② 《邓小平军事文集》第2卷，军事科学出版社、中央文献出版社2004年版，第171页。
③ 参见《张震回忆录》（上），解放军出版社2003年版，第346页。
④ 《邓小平文选》第1卷，人民出版社1994年版，第199页。
⑤ 《陈云年谱（1905—1995）》（下），中央文献出版社2000年版，第196页。

九、向邓小平学习大局观念

"文化大革命"以来所造成的严重混乱局面进行大刀阔斧的整顿，收到显著成效。

进入改革开放和社会主义现代化建设新时期，邓小平那种理大局、断大事的特点更加凸显。党的十一届三中全会后，党和国家的战略重点转移到以经济建设为中心的轨道上，经济建设成为大局。邓小平明确地判断国内大局，指出："社会主义本身是共产主义的初级阶段，而我们中国又处在社会主义的初级阶段，就是不发达的阶段。一切都要从这个实际出发，根据这个实际来制订规划。"① 社会主义初级阶段，这是中国的最大国情、最大实际。围绕着这个大局，邓小平在现代化建设的步骤、目标、动力及政治保证等方面都精心作了规划。为把握这个大局、大方向不动摇，他不遗余力地贡献着自己的力量。晚年时期的邓小平还谆谆告诫党内同志："我讲的东西都不是从小角度讲的，而是从大局讲的。""不能改变这条路线，特别是不能使之不知不觉地动摇，变为事实。"②

邓小平多次强调，我是一个军人，我真正的专业是打仗。③ 他戎马半生，对军队有着浓厚的感情。长期担任中央军委主席的邓小平仍然把军队和国防建设放在国际局势的大背景下来进行思考，并将其放在建设中国特色社会主义的总体设计中予以谋划。在科学分析中国国情的基础上，他及时作出了军队和国防建设指导思想实行战略性转变的历史性抉择，即从准备"早打、大打、打核战争"的临战状态转到

---

① 《邓小平文选》第3卷，人民出版社1993年版，第252页。
② 《邓小平年谱》第5卷，中央文献出版社2020年版，第660、663页。
③ 参见中共中央文献研究室编：《回忆邓小平》（下），中央文献出版社1998年版，第206页。

和平时期建设的轨道上来。为此，他提出了国防建设要在"忍耐"中发展的思想，认为国家的安全保障最终取决于国家的经济实力，我国在集中力量抓经济建设的情况下，不可能拿出更多的钱来进行军队建设，军队的现代化建设只有国民经济有了比较好的基础才有可能，必须硬着头皮把经济搞上去，一切要服从这个大局。

1977年底，邓小平就整顿军队问题指出："要提倡顾全大局。有些事从局部看可行，从大局看不可行；有些事从局部看不可行，从大局看可行。归根到底要顾全大局。"① 1980年10月15日，他在讲到国防建设与经济建设的关系时说："现在我们搞四个现代化，提的目标就是争取二十年翻两番……这要求我们的军费维持现在的比例。军费搞得太高不可能，肯定影响经济建设……军队要考虑的，不是增加军费预算在国家财政开支中的比重的问题，而是在这个已经定的比例范围内，怎么用好这个钱，用得更好，用得更合理。"② 1983年6月30日，中共中央召开工作会议，邓小平针对军队承担完成国家引滦工程作出的突出贡献，提出要利用军队的力量来搞建设。1984年11月1日，他在中央军委座谈会上指出："现在需要的是全国党政军民一心一意地服从国家建设这个大局，照顾这个大局""军队有自己的责任，不能妨碍这个大局，要紧密地配合这个大局，而且要在这个大局下面行动。军队各个方面都和国家建设有关系，都要考虑如何支援和积极参加国家建设"，国家经济发展起来就好办了，"大局好起来了，国力大大增强了，再搞一点原子弹、导弹，更新一些装备，空中的也好，

---

① 《邓小平文选》第2卷，人民出版社1994年版，第82页。
② 《邓小平军事文集》第2卷，军事科学出版社、中央文献出版社2004年版，第180页。

九、向邓小平学习大局观念

海上的也好，陆上的也好，到那个时候就容易了。"① 1985年6月4日，在中央军委扩大会议上，邓小平再次强调："四化总得有先有后，军队装备真正现代化，只有国民经济建立了比较好的基础才有可能。所以，我们要忍耐几年。我看，到本世纪末……就可以拿出比较多的钱来更新装备……先把经济搞上去，一切都好办。现在就是要硬着头皮把经济搞上去，就这么一个大局，一切都要服从这个大局。"②

经过多次精简整编，1985年，中央军委根据邓小平的指示，决定裁减军队员额100万。裁军百万是国之大事，是新中国成立以来最大的一次军队精简行动。早在1984年11月，邓小平在军委座谈会上谈到百万裁军决策时就曾表示：这是个得罪人的事情，得罪人的事情还是由我来干吧，不要把这件事情交给新的军委主席。通过裁减军队员额的办法，中央把有限的经费用于经济建设，将国防和军队建设纳入国家总体建设规划之中。百万裁军贯彻了军队建设服从服务于国家经济建设大局的思想和坚持国防建设与经济建设协调发展的方针，使人民军队自觉地在国家发展的大局下行动。部队精减后，将节省的费用用于改善装备，加快了武器装备的更新换代。同时，减少军队数量，有利于把经济建设搞上去，而经济的发展以及综合国力的提高，反过来又为国防现代化提供了强大的物质基础。

1989年春夏之交，我国发生了一场严重的政治风波。之后，国际上又出现了苏联解体、东欧剧变，国际共运遭受严重挫折，我国面临着美西方国家的制裁，有些人对社会主义事业丧失信心，也有些人对是否继续坚持改革开放游移不定。在这种严峻的形势下，是继续坚持

---

① 《邓小平文选》第3卷，人民出版社1993年版，第99—100页。
② 《邓小平文选》第3卷，人民出版社1993年版，第128—129页。

以经济建设为中心、继续坚持党的基本路线，还是丢掉这个大局，回到"以阶级斗争为纲"的老路上去，这是摆在中国共产党人面前的又一次重大选择。在这个关系党和国家的兴衰成败、关系改革开放和现代化建设的前途命运、关系人民群众的根本利益的重要历史关头，邓小平冷静观察，稳住阵脚，沉着应对，十分明确而又响亮的回答："改革开放政策不变，几十年不变，一直要讲到底。"① "十三大制定的路线不能改变，谁改变谁垮台。"② "中国不搞社会主义不行，不坚持社会主义不行。"③ "这个战略布局我们一定要坚持下去，永远不改变。"④ 正是由于邓小平着眼大局、掌舵领航，党和国家的前进方向在关键时刻才没有偏离，中国特色社会主义事业才迸发出新的活力。

"全体和局部缺一不可"

大局观是一种把握整体和全局的战略思想，而对整体和全局的把握，离不开对全体与局部辩证关系的科学分析与认识。顾大局，就是要坚决破除自身利益的藩篱，敢于舍弃"小我"，勇于追求"大我"。全局和局部是相互依存的，强调整体优先、以全局为主导，并不是说可以忽视局部、不管局部。恰恰相反，只有在服从全局的前提下把各个局部工作做好了，全局的目标才能实现。邓小平把正确处理大局和小

---

① 《邓小平文选》第3卷，人民出版社1993年版，第296页。
② 《邓小平年谱》第5卷，中央文献出版社2020年版，第587页。
③ 《邓小平文选》第3卷，人民出版社1993年版，第326页。
④ 《邓小平文选》第3卷，人民出版社1993年版，第345页。

九、向邓小平学习大局观念

局、全局和局部、大道理和小道理的关系归结为一切从大局出发,一切服从和服务于大局。这并不是说主张全然不顾小局和局部,而是强调,"全体和局部缺一不可,全体是由局部组成的,如果只有全体,没有局部,则全体也就不成其为全体了"①"在社会主义制度之下……归根结底,个人利益和集体利益是统一的,局部利益和整体利益是统一的,暂时利益和长远利益是统一的""如果相反,违反集体利益而追求个人利益,违反整体利益而追求局部利益,违反长远利益而追求暂时利益,那末,结果势必两头都受损失"②。因此,他一方面强调局部要服从大局,另一方面又强调全局要照顾局部。实现系统整体功能最大化的过程,就是由局部到全局、从全局到局部逐步优化的过程。了解了每个局部,认识了每个局部的地位和作用,才能在此基础上认识全局及系统的整体功能。了解了系统的整体功能,才能以此为标准,优化每一个局部及其相互关系,以实现系统整体功能最大化。

在领导改革开放的伟大实践中,邓小平在强调全局利益时非常重视抓住对全局有决定意义的局部,以局部的突破来带动全局的发展,调动中央和地方推动区域经济发展的积极性,兼顾国家全局利益和地方局部利益,充分发挥区域比较优势,实现生产力地域空间布局和资源配置优化。我国改革开放的启动,首先是以占我国人口总量80%的农村开始,进而逐步推动以城市为重点的全面经济体制改革;在部署农村改革战略时,先是把家庭联产承包责任制作为重点加以突破,然后农林牧副渔整体推进;在建立社会主义市场经济体制过程中,邓小平提出,要抓住转换国有企业经营机制,建立现代企业制度这个重点,

---

① 《邓小平文选》第1卷,人民出版社1994年版,第198—199页。
② 《邓小平文选》第2卷,人民出版社1994年版,第175、175—176页。

进而在更广阔层面上展开。他还强调,该集中的要集中,该权力下放的要下放,要充分发挥好地方的积极性,"我们的各级领导机关,都管了很多不该管、管不好、管不了的事,这些事只要有一定的规章,放在下面,放在企业、事业、社会单位,让他们真正按民主集中制自行处理,本来可以很好办,但是统统拿到党政领导机关、拿到中央部门来,就很难办。谁也没有这样的神通,能够办这么繁重而生疏的事情"①。

我国是一个非均衡发展的大国,各个地区由于主客观条件的差异,不可能获得同样的经济发展速度和绩效,因此,对外开放并不是同步开放,必须考虑到不同地区的历史文化基础以及经济发展水平和区位条件,要有层次性,渐进发展,不能一哄而上。邓小平采取的步骤是首先创办经济特区,而后扩大对外开放城市数,再逐渐向内地推进。党的十一届三中全会后,广东省走在了对外开放的前列。广东省地接港澳,又是重要侨乡,而且一直有着对外经济交往的传统。1979 年 1 月,一封关于香港厂商要求回广州开设工厂的来信摘要被送到邓小平的办公室。邓小平当即批示:这种事,我看广东可以放手干。② 同年 4 月,时任广东省委第一书记的习仲勋向邓小平汇报说,希望中央下放若干权力,让广东对外经济活动有较多的自主权和主动余地,允许在临近香港、澳门的深圳、珠海及汕头兴办出口加工区。邓小平极表赞同,并明确支持说:还是叫特区好,陕甘宁开始就叫特区嘛!中央没有钱,可以给些政策,你们自己去搞,杀出一条血路来。邓小平的这

---

① 《邓小平文选》第 2 卷,人民出版社 1994 年版,第 328 页。
② 参见尤国珍:《邓小平两次历史性南巡成行的原因》,《党史纵横》2008 年第 10 期。

些考虑，显然不只是为了广东省的发展，而是面向全局，使我国对外开放迈出了突破性的第一步。

同样，区域发展也应顾全大局，相互协调。邓小平强调，在社会主义改革开放和现代化建设中，照顾大局、服从大局尤为重要。一定时期内政策向某些地区倾斜，另一些地区作出暂时的牺牲是必然的。这就要求各个地区的领导和群众要有全局观念，要顾全大局。如果各搞各的，搞地方保护主义，不服从大局，不仅会损害全局利益，局部的利益也不可能实现。对此，邓小平作了深刻分析："只有党内党外上上下下人人都注意照顾大局，我们才能够顺利地克服困难，争取四个现代化的光明前途。"[1] 在领导新中国成立初期的财政工作时，邓小平就要求地方财政工作要有全局观点，并有针对性地指出："一定要以中央、全体、集中统一作主导""因为地方是在中央领导下的地方，局部是在全体中的局部，因地制宜是在集中统一下的因地制宜，如果两者之间发生矛盾，地方应服从中央，局部应服从全体，因地制宜应服从集中统一"。[2] 1988 年，邓小平在谈到沿海和内地经济发展的关系时指出：

> 沿海地区要加快对外开放，使这个拥有两亿人口的广大地带较快地先发展起来，从而带动内地更好地发展，这是一个事关大局的问题。内地要顾全这个大局。反过来，发展到一定的时候，又要求沿海拿出更多力量来帮助内地发展，这

---

[1] 《邓小平文选》第 2 卷，人民出版社 1994 年版，第 176 页。
[2] 《邓小平文选》第 1 卷，人民出版社 1994 年版，第 199 页。

也是个大局。那时沿海也要服从这个大局。①

"两个大局"虽然是对沿海和内地经济发展的关系而言的,但其中所蕴含的部分服从整体、局部服从全局的决策思想是具有普遍意义的。

邓小平主张的共同富裕的改革政策,十分鲜明地体现了他对局部与全局辩证关系的深刻认识。1978年12月13日,邓小平在中央工作会议上的讲话中明确提出:"在经济政策上,我认为要允许一部分地区、一部分企业、一部分工人农民,由于辛勤努力成绩大而收入先多一些,生活先好起来。一部分人生活先好起来,就必然产生极大的示范力量,影响左邻右舍,带动其他地区、其他单位的人们向他们学习。这样,就会使整个国民经济不断地波浪式地向前发展,使全国各族人民都能比较快地富裕起来。"为了引起与会者的高度重视,邓小平强调:"这是一个大政策,一个能够影响和带动整个国民经济的政策,建议同志们认真加以考虑和研究。"②

先富带动后富的"大政策"逐步打破了平均主义、"大锅饭"的固有观念,大大激发了各个方面的积极性和创造性,使越来越多的人和地区走上了富裕之路,促进了生产力的巨大发展,同时也推动出现了雇工生产经营的现象。20世纪80年代中期,针对经济发展中出现的雇工问题,人们议论纷纷,有些人把问题看得相当严重。对此,邓小平多次指出,雇工问题既不是大局问题,也不会影响到大局,不能轻易动,一动反而会影响到大局。因为政策稳定是政治和社会稳定的

---

① 参见《邓小平文选》第3卷,人民出版社1993年版,第277—278页。
② 《邓小平文选》第2卷,人民出版社1994年版,第152页。

九、向邓小平学习大局观念

一个重要条件，如果一动，人们自然就会认为是现行政策的改变，从而影响到政治和社会稳定这个大局。安徽芜湖的一个个体户雇工经营"傻子瓜子"，走上了致富道路。怎样看待改革开放过程中出现的这一新情况，引发了人们的争议。当时，有些人认为这件事不得了，主张要进行处理。但邓小平站在长远和全局的角度认为，这样做并不妥。1984年10月，邓小平就此谈道："前些时候那个雇工问题，相当震动呀，大家担心得不得了。我的意见是放两年再看。那个能影响到我们的大局吗？如果你一动，群众就说政策变了，人心就不安了……让'傻子瓜子'经营一段，怕什么？伤害了社会主义吗？"① 1987年4月，他再次就此问题指出：

> 现在我们国内人们议论雇工问题，我和好多同志谈过，犯不着在这个问题上表现我们在"动"，可以再看几年。开始我说看两年，两年到了，我说再看看。现在雇工的大致上只是小企业和农村已经承包的农民，雇工人数同全国一亿多职工相比，数目很小。从全局看，这只不过是小小的一点。要动也容易，但是一动就好像政策又在变了。动还是要动，因为我们不搞两极分化。但是，在什么时候动，用什么方法动，要研究。动也就是制约一下。像这样的事情，我们要考虑到不要随便引起动荡甚至引起反复，这是从大局来看问题。②

---

① 《邓小平文选》第3卷，人民出版社1993年版，第91页。
② 参见《邓小平文选》第3卷，人民出版社1993年版，第216页。

后来,他在1992年初视察南方时提到"傻子瓜子"时又说:

> 当时许多人不舒服,说他赚了一百万,主张动他。我说不能动,一动人们就会说政策变了,得不偿失。像这一类的问题还有不少,如果处理不当,就很容易动摇我们的方针,影响改革的全局。城乡改革的基本政策,一定要长期保持稳定。当然,随着实践的发展,该完善的完善,该修补的修补,但总的要坚定不移。即使没有新的主意也可以,就是不要变,不要使人们感到政策变了。有了这一条,中国就大有希望。①

可以看出,邓小平着重强调经济发展才是"改革的大局",而"让一部分人先富起来"是服务这个大局的。由此,动不动"傻子瓜子"就有了象征意义:它不单是一个人、一个企业的问题,而是一种全局性、战略性的考虑。

全局性的东西,不能脱离局部而独立。全局是由它的一切局部构成的。我国的现代化建设是前所未有的宏伟事业,"为了建设现代化的社会主义强国,任务很多,需要做的事情很多,各种任务之间又有相互依存的关系,如像经济与教育、科学,经济与政治、法律等等,都有相互依存的关系,不能顾此失彼。"② 在建设中国特色社会主义事业过程中,邓小平既能认真调查研究,了解工业、农业、文化、教育、科技、军事、外交等局部,又能在这一基础上了解社会主义

---

① 参见《邓小平文选》第3卷,人民出版社1993年版,第371页。
② 《邓小平文选》第2卷,人民出版社1994年版,第249—250页。

建设的全局；既能制定出以经济建设为中心，实现四个现代化的总目标和"一个中心、两个基本点"的基本路线，又能依据总目标和基本路线制定出经济、政治、文化、军事、外交等具体的路线、方针、政策。正因为邓小平能制定出系统科学的路线、方针、政策，因而才推进了我国经济和社会的全面而迅速地发展，使我国取得了举世瞩目的成就。

"中央要有权威"

列宁曾经指出："工人阶级为了在全世界进行艰巨而顽强的斗争以取得彻底解放，是需要权威的。"[①] 党政军民学，东西南北中，党是领导一切的。党的二十大修改通过的《中国共产党章程》规定："必须实行正确的集中，牢固树立政治意识、大局意识、核心意识、看齐意识，坚定维护以习近平同志为核心的党中央权威和集中统一领导，保证全党的团结统一和行动一致，保证党的决定得到迅速有效的贯彻执行。"[②] 从组织关系上看，大局观就是党章规定的个人服从组织、少数服从多数、下级服从上级、全党服从中央。邓小平认为，在"四个服从"中，最重要的就是全党服从中央，"只有全党严格服从中央，党才能够领导全体党员和全国人民为实现现代化的伟大任务而战斗……因为这是党的最高利益所在，也是全国人民的最高利益所在"。[③] 树立正确的大局观，做到自觉服从大局，最重要的就是维护党

[①]《列宁全集》第 14 卷，人民出版社 1988 年版，第 225 页。
[②]《中国共产党章程》，人民出版社 2022 年版，第 12 页。
[③]《邓小平文选》第 2 卷，人民出版社 1994 年版，第 271—272 页。

中央权威。坚决维护党中央权威和集中统一领导，是马克思主义政党的重大建党原则，也是系统贯彻大局观念的必然要求。

在革命战争年代，邓小平就是自觉服从大局、坚决维护中央权威的典范。渡江战役后，中央作出向全国进军的部署，并把解放大西南的任务交给了刘伯承、邓小平率领的第二野战军。任务下达后，二野部分指战员中出现了一些不良的思想情绪。有人抱怨，为取得解放战争的胜利，刘邓大军不要后方，千里跃进大别山，在淮海战役中与国民党主力兵团激烈鏖战，渡江后刚刚进入东南富庶地区，又要跋涉千山万水进军经济文化远为落后的西南地区，"认为二野总是命苦"①。一些干部认为，解放战争以来"二野特别苦和特别出了力"，不应该再担负这样艰苦的任务了。这些现象引起了邓小平的高度重视，他多次在各种干部会议上讲话、做报告，联系广大指战员的思想实际，进行思想政治教育和动员，帮助他们树立正确的大局观念，要求他们顾全大局、革命到底。邓小平强调指出："去西南是要多走一点路，苦一点，可这是党指定的光荣任务，为了取得全国胜利也得去，没有任何的犹疑。"②经过一系列深入细致的思想动员和教育工作，部队不良的思想倾向和情绪得到纠正，"极大多数的已经认识进军西南的重要意义，并感到将迅速完成最后进军及解放全中国而表示愉快和荣誉"③。

办好中国的事情，关键在党。和平年代，没有党的统一领导，就

---

① 《邓小平年谱》第2卷，中央文献出版社2020年版，第187页。
② 《邓小平军事文集》第2卷，军事科学出版社、中央文献出版社2004年版，第224页。
③ 《邓小平军事文集》第2卷，军事科学出版社、中央文献出版社2004年版，第230页。

九、向邓小平学习大局观念

没有效率，就会一事无成。维护中央权威同样具有重要意义：中央作为党的最高领导机关，是着眼于全局来制定党的路线、方针和政策的，是从大局出发来实施治国方略的。因此，维护中央权威，就要求我们以大局为重，强化"全国一盘棋"的观念，坚决反对各自为政、自行其是的错误做法。早在1965年，邓小平就指出："一个党不集中不行，如果没有中央的和各级党委的集中领导，这个党就没有战斗力。"① 在领导推进改革开放和社会主义现代化建设的大局中，邓小平非常重视和强调维护中央权威。他指出："中央要有权威。改革要成功，就必须有领导有秩序地进行。没有这一条，就是乱哄哄，各行其是，怎么行呢？……党中央、国务院没有权威，局势就控制不住。"② "我们要定一个方针，就是要在中央统一领导下深化改革。"③ 他强调，对于中央既定的大政方针，必须坚决贯彻执行，不能搞"你有政策，我有对策"，不允许对中央的路线、方针、政策任意散布不信任、不满和反对的意见，而是要将其提到执行党的纪律的高度来认识这个问题。他说："遵守纪律的最高标准，是真正维护和坚决执行党的政策，国家的政策。"④

维护中央权威是改革、发展和稳定的根本保证。在中国这样一个人口众多、地域广阔、民族多样的国家进行社会主义现代化建设，更需要一个坚强有力的政党作为领导核心。随着改革开放的深入，我国利益格局和利益关系都发生了重大调整，加上在由计划经济体制向社会主义市场经济体制的转轨过程中，中央赋予了地方更多的自主权，

---

① 《邓小平文选》第1卷，人民出版社1994年版，第347页。
② 《邓小平文选》第3卷，人民出版社1993年版，第277页。
③ 《邓小平文选》第3卷，人民出版社1993年版，第278页。
④ 《邓小平文选》第3卷，人民出版社1993年版，第112页。

导致一些地方出现了分散主义和地方保护主义的倾向,主要表现为"各自为政""有令不行,有禁不止",搞"上有政策,下有对策"。对此,邓小平指出,"中央如果不掌握一定数额的资金,好多应该办的地方无力办的大事情,就办不了,一些关键性的只能由中央投资的项目会受到影响……中央必须保证某些集中"①。社会主义同资本主义比较,它的优越性就在于能够做到全国一盘棋,以集中力量、保证重点。20世纪80年代后期,受诸多因素影响,中央财力呈现弱化趋势,在很大程度上削弱了中央的宏观调控能力,干扰了深化改革的总体部署。针对这种状况,邓小平强调:"我们讲中央权威,宏观控制,深化综合改革""宏观管理要体现在中央说话能够算数",而且明确要求:"中央定了措施,各地各部门就要坚决执行,不但要迅速,而且要很有力,否则就治理不下来。"他指出:"现在中央说话,中央行使权力,是在大的问题上,在方向问题上。"② 1989年9月,邓小平在同中央负责同志谈话时强调:"我们是一个大国,只要我们的领导很稳定又很坚定,那末谁也拿中国没有办法。"③ 他明确指出:"党中央的权威必须加强。""中央的话不听,国务院的话不听,这不行。特别是有困难的时候,没有中央、国务院这个权威,不可能解决问题。有了这个权威,困难时也能做大事。"④

观大势、谋全局、抓大事,是重要的思想方法和工作方法。习近平总书记深刻指出:"必须牢固树立高度自觉的大局意识,自觉从大局

---

① 《邓小平文选》第2卷,人民出版社1994年版,第200—201页。
② 《邓小平文选》第3卷,人民出版社1993年版,第278页。
③ 《邓小平文选》第3卷,人民出版社1993年版,第318页。
④ 《邓小平文选》第3卷,人民出版社1993年版,第319页。

九、向邓小平学习大局观念

看问题，把工作放到大局中思考、定位、摆布，做到正确认识大局、自觉服从大局、坚决维护大局。"① 当前，党和国家事业发展正站在新的历史起点上，我们要学习邓小平的大局观念，坚持"身在兵位、胸有帅谋"，在干事创业时不断增强大局意识，胸怀大局、把握大势、着眼大事，对"国之大者"做到心中有数，多打大算盘、算大账，少打小算盘、算小账，从而达到大格局、实现大作为。

---

① 习近平：《论坚持党对一切工作的领导》，中央文献出版社2019年版，第64—65页。

十

向邓小平学习领导艺术

邓小平在领导革命、建设和改革的实践中，为中华民族独立、繁荣、振兴和中国人民解放、自由、幸福作出了伟大贡献，也在其中形成了他独特高超的领导艺术，值得每一位领导干部细细品味、认真学习。

把握主流　抓住关键

毛泽东曾评价邓小平是"人才难得"，难得之处就在于他具有抓主流、抓大事的卓越领导才能。邓小平总是能在纷繁复杂的事务中抓住最关键的东西。他曾说："我的抓法就是抓头头，抓方针。重要的政策、措施，也是方针性的东西，这些我是要管的。"①

在革命战争时期，邓小平强调开展革命斗争要聚焦中心工作。1943年2月，他在中共中央太行分局高级干部会议上指出："党的指导要依据于当时当地的情形，提出当时注意的中心。如政权工作薄弱

---

① 《邓小平文选》第2卷，人民出版社1994年版，第70页。

十、向邓小平学习领导艺术

就加强政权工作，群众工作薄弱就加强群众工作。"① 新中国成立初期，在领导解放西藏时，邓小平清楚地认识到了西藏环境艰苦、气候恶劣和藏族地区经济、政治、文化等方面的特殊性，因此提出了"政治重于军事，补给重于战斗"的方针。他强调，解放西藏有军事问题，需要一定数量之军事力量，但军事与政治比较，政治是主要的。从历史上看，对藏多次用兵未解决问题，而解决者，亦多靠政治。军事、政治协同解决，还必须解决补给之公路。这些指示充分展现了邓小平善于抓大事、抓关键的政治眼光。

1975年，邓小平领导整顿经济，选择的突破口便是整顿铁路，这就抓住了整个经济的命脉和要害。由于闹派性、打派仗，造成徐州、南京、南昌等铁路局的运输长期堵塞，阻碍了津浦、京广、陇海、浙赣四条铁路干线的畅通，并影响了其他干线的运输，严重危及工业生产和一些城市的人民生活。邓小平抓住了这个阻碍局势好转的关键问题，明确指出："怎样才能把国民经济搞上去？分析的结果，当前的薄弱环节是铁路。铁路运输的问题不解决，生产部署统统打乱，整个计划都会落空。"② 在邓小平的主导下，铁路运输问题得到了整顿。到1975年4月，堵塞严重的几条铁路全部得到疏通，全国20个铁路局中的19个超额完成计划。铁路的整顿，带动了整个工业的整顿。

1977年7月，邓小平第三次复出。面对"文化大革命"造成的严峻局面，他以自己的远见卓识、丰富的政治经验、高超的领导艺术，在千头万绪中首先抓住了决定性环节，从端正思想路线入手进行拨乱反正，旗帜鲜明反对"两个凡是"的错误观点，支持和领导开展了对

---

① 《邓小平文选》第1卷，人民出版社1994年版，第65页。
② 《邓小平文选》第2卷，人民出版社1994年版，第5页。

真理标准问题的讨论。"两个凡是"提出不久，1977年4月，尚未恢复领导职务的邓小平在给党中央的信中提出，"我们必须世世代代地用准确的完整的毛泽东思想来指导我们全党、全军和全国人民"。① 此后，他又在不同场合多次批评了"两个凡是"。1978年5月10日，中央党校内部刊物《理论动态》发表了《实践是检验真理的唯一标准》一文。5月11日，《光明日报》以特约评论员的名义公开发表了这篇文章，新华社向全国作了转发。文章鲜明地提出：实践不仅是检验真理的标准，而且是唯一的标准。文章一经发表，便在广大干部群众中引起强烈反响，引发了关于真理标准问题的大讨论。邓小平对这场讨论给予了及时而有力的支持。1978年6月2日，他在全军政治工作会议的讲话中着重阐述了毛泽东关于实事求是的观点，批评了在对待毛泽东和毛泽东思想问题上"两个凡是"的错误态度，号召"一定要肃清林彪、'四人帮'的流毒，拨乱反正，打破精神枷锁，使我们的思想来个大解放"。② 在邓小平等人的大力支持下，中央各部门、地方和军队的负责人相继发表讲话或文章，表明了支持讨论的态度，理论界、学术界、新闻界更是踊跃参与，站到讨论的前沿。实践表明，真理标准问题大讨论为党重新确立马克思主义的思想路线、政治路线和组织路线奠定了思想基础。在邓小平的指导下，党的十一届三中全会重新确立了解放思想、实事求是的思想路线，确定把党和国家的工作重点转移到社会主义现代化建设上来，作出实行改革开放的重大决策，从而实现了党的历史上具有深远意义的伟大转折，开启了改革开放和社会主义现代化建设新时期。

---

① 《邓小平文选》第2卷，人民出版社1994年版，第39页。
② 《邓小平文选》第2卷，人民出版社1994年版，第119页。

十、向邓小平学习领导艺术

党的十一届三中全会后,如何评价新中国成立以来党的历史,尤其是如何评价毛泽东和毛泽东思想,成为国内外关切的一个重大问题。邓小平敏锐地意识到,这是当时国家政治生活中的一件大事,如果不能解决好,就会影响安定团结的局面。对此,他多次旗帜鲜明地表示,要实事求是、恰如其分地评价新中国成立以来的历史,评价毛泽东,要坚持和发展毛泽东思想。在邓小平的主导下,1981年6月,党的十一届六中全会通过的《关于建国以来党的若干历史问题的决议》对毛泽东的历史地位作出了实事求是的评价,充分肯定了毛泽东思想作为党的指导思想的伟大意义,也对新中国成立以来的历史和经验进行了客观的总结评价,标志着党在指导思想上拨乱反正的胜利完成。

进入改革开放和社会主义现代化建设新时期,邓小平多次强调要抓住主要矛盾,强调任何时候都要坚持以经济建设为中心。1979年,他在党的理论工作务虚会上指出:"至于什么是目前时期的主要矛盾,也就是目前时期全党和全国人民所必须解决的主要问题或中心任务,由于三中全会决定把工作重点转移到社会主义现代化建设方面来,实际上已经解决了。我们的生产力发展水平很低,远远不能满足人民和国家的需要,这就是我们目前时期的主要矛盾,解决这个主要矛盾就是我们的中心任务。"[①] 他多次强调,要始终如一地抓好社会主义现代化建设这个中心任务,任何时候都不能干扰,要坚定不移、一心一意地干下去。邓小平强调:"现代化建设的任务是多方面的,各个方面需要综合平衡,不能单打一。但是说到最后,还是要把经济建设当作中心。离开了经济建设这个中心,就有丧失物质基础的危险。其他一

---

① 《邓小平文选》第2卷,人民出版社1994年版,第182页。

切任务都要服从这个中心,围绕这个中心,决不能干扰它,冲击它。"①

在抓住经济建设这个中心任务的同时,邓小平也提出了"两手抓"的思想。比如,一手抓改革开放,一手抓打击经济犯罪和严重刑事犯罪;一手抓物质文明建设,一手抓精神文明建设;一手抓经济建设,一手抓民主法制建设等。他多次强调,两手都要抓,两手都要硬。这体现了邓小平既抓主要矛盾又统筹兼顾的辩证思维。

大胆果断　举重若轻

大胆果断、举重若轻的品质,贯穿于邓小平 70 多年的革命生涯中。周恩来曾经评价说,邓小平和刘伯承二人的工作方法各有特色,邓小平是"举重若轻",刘伯承则是"举轻若重"。邓小平敢作敢为、敢闯敢试,在关键时刻作出重大决策时更是表现出非凡的胆略和勇气。他沉着冷静、遇事不乱,身上始终洋溢着一种"稳坐钓鱼台"的气度。

邓小平大胆果断的性格是在长期生活和工作环境中锻炼形成的,他从小就有一种天不怕地不怕、敢闯敢试的劲头。在后来的政治生涯中,邓小平总是在党和人民最需要的时候,在国家和民族发展的重大关头勇挑重担、顽强拼搏,奋力打开党和人民事业发展新局面。从领导百色起义到参加二万五千里长征,从率领一二九师转战太行山到创建晋冀鲁豫抗日根据地,从指挥上党战役、邯郸战役到千里跃进大别

---

① 《邓小平文选》第 2 卷,人民出版社 1994 年版,第 250 页。

山，从领导淮海战役到指挥渡江战役，从率军进军大西南到参加领导和平解放西藏，从率代表团去莫斯科谈判到出席联合国大会第六届特别会议，从全面整顿到拨乱反正，从推动农村改革到全面改革，从倡导兴办经济特区到推动形成全国范围对外开放的格局，从提出建设强大的现代化正规化的革命军队到裁减军队员额一百万，从制定新的国际战略到提出建立国际政治经济新秩序，邓小平都表现出了一位卓越领导人的非凡胆识和大智大勇。

邓小平在决断时有着异于常人的魄力，在领导决策时从不拖泥带水。正如他所说："不搞争论，是我的一个发明。不争论，是为了争取时间干。"① 解放战争爆发后，在一年多的时间，中国共产党领导的人民军队打破了国民党军队的全面进攻，又挫败了其对山东、陕北的重点进攻，使战争形势发生了有利的变化。在这种情况下，中共中央决定转入战略反攻，首先打出去的是刘伯承、邓小平率领的晋冀鲁豫野战军。1947年6月30日晚，刘邓大军四个纵队12万余人于山东省的临濮集至张秋镇150公里的地段上一举突破黄河天险，挺进鲁西南，发起了鲁西南战役，由此揭开了人民解放军战略进攻的序幕。同年7月下旬，正在激战中的刘邓大军收到了中央的新指示：抓紧时间休整至8月中旬，尔后出击，跃进大别山。当时，刘邓大军已经连续作战一个月，部队未得休整，新补充的战士还来不及训练；各纵队才下战场，对跃进大别山的战略尚未进行动员和具体准备；部队所带款项已不足半月开支，东北的炮弹、邯郸的军衣都未运到。同时，国民党各路大军蜂拥而至；暴雨导致黄河水涨，蒋介石准备阴谋挖掘黄河大堤，

---

① 《邓小平文选》第3卷，人民出版社1993年版，第374页。

水淹刘邓部队和解放区……他们即将面对的现实可谓困难重重、险象环生！正当刘邓部队进行休整、准备于 8 月中旬出击的时候，他们又收到了毛泽东发来的一件极秘密的电报，说陕北"甚为困难"。收到电报后，刘邓二人"二话没说"，立即复电中央，说半个月后行动，实际上不到十天就开始行动了。为了保证中央安全，自 8 月 7 日起，刘邓大军分三路向南疾进，提前开始了千里跃进大别山的壮举。他们以锐不可当之势，先后跨越陇海路、黄泛区、沙河、涡河、洪河、汝河、淮河等重重障碍，经过 20 多天的艰苦跋涉和激烈战斗，于 8 月末进入大别山区，完成了一次无后方依托，以长驱直进插入敌人战略纵深为特点的特殊形式的进攻行动。在行进的路上，面对前有黄泛区、汝河等的阻隔、后有重兵追击的危急处境，邓小平毅然下令炸毁大炮、战车等辎重，从而使部队得以轻装前进，完成了向大别山挺进的任务。这一壮举充分体现了邓小平果敢无畏、举重若轻的领导魄力。40 多年后，邓小平在回忆起这段岁月时说："那时搞无后方作战，困难是可想而知的啊。""整个解放战争最困难的是挑这个担子，是挑的重担啊。"①

邓小平有着高效的决策效率，他要求干部"不能慢吞吞的，总是等待"。② 在主持会议时，他总是尽量简短，从不东拉西扯，在决策时更是果断拍板。每逢开会，他总是让各部门先发言，畅所欲言，等大家都发言完毕后，他才开始发言。他的发言总能击中要害，迅速解答疑惑，并作出决断。1949 年底，重庆解放后不久，邓小平召集西南局组织部部长、副部长和干部处负责人及有关同志开会，讨论干部工作

---

① 《邓小平文选》第 3 卷，人民出版社 1993 年版，第 339 页。
② 《邓小平文选》第 2 卷，人民出版社 1994 年版，第 9 页。

问题。在听取工作汇报后，邓小平作了讲话，分析了重庆的情况。对于干部工作的急切任务，他只讲了九个字："挂牌子，搭架子，摆摊子。"这九个字简明扼要又通俗易懂，提纲挈领地准确提出了干部工作的任务，生动体现了邓小平高效的决策风格。

1975年，邓小平受命于危难之际，顶着"四人帮"干扰破坏的巨大压力，大刀阔斧地领导实行了全面整顿。他斩钉截铁地说道："共产党员为什么怕？为什么不敢讲话？为什么不敢负责任？""要敢于负责，不要怕。"① "现在问题相当多，要解决，没有一股劲不行。要敢字当头，横下一条心。"② 在邓小平的领导下，全面整顿取得了显著成效。1975年，全国工农业总产值比1974年增长11.9%。其中，工业增长15.5%，农业增长3.1%。

进入改革开放和社会主义现代化建设新时期，根据国家现代化建设的需要和军队建设的实际，邓小平英明果断地提出了"军队要消肿"这个关系军队建设方向的根本问题。1985年6月，他在中央军委扩大会议上提出，把中国人民解放军的员额减少一百万。这也意味着我国军队总人数要从新中国成立后的最高点上被削去一半，对全军来说是一个巨大的变化。这是一个多么宏伟而又果敢的决策！在邓小平的坚强领导下，百万大裁军开展起来，人民解放军成为一支机构精干、指挥灵便、装备精良、训练有素、反应快速、效率很高、战斗力强的精兵。

邓小平的大胆果断、举重若轻还表现在面对重大事件时的果敢与沉着。1989年春夏之交，我国发生了一场严重政治风波。一开始邓小平就明确表态："要旗帜鲜明，措施得力，反对和制止这一场动乱。

---

① 《邓小平文选》第2卷，人民出版社1994年版，第19页。
② 《邓小平文选》第2卷，人民出版社1994年版，第35页。

行动要快,要争取时间。""我们必须快刀斩乱麻,为的是避免更大的动乱。""行动不能慢,越慢被卷进去的人越多。"① 在邓小平等老一辈革命家坚决有力的支持下,党和政府依靠人民,旗帜鲜明反对动乱,捍卫了社会主义国家政权,维护了人民根本利益。面对国际形势风云变幻,邓小平泰然自若地表示:"我们对社会主义的前途充满信心。对于国际局势,概括起来就是三句话:第一句话,冷静观察;第二句话,稳住阵脚;第三句话,沉着应付。不要急,也急不得。要冷静、冷静、再冷静,埋头实干,做好一件事,我们自己的事。"② 在苏东剧变后,他再次强调:"面对风云变幻的国际形势,我们要冷静观察,沉着应付,少说多做,要努力把自己的事办好,这样在处理复杂多变的国际事务中才有更多的发言权。"③ 这是何等大气磅礴、举重若轻的领导艺术!

随着苏联解体、东欧剧变,社会主义运动在世界范围内陷入低潮。此外,由于我国经济运行中存在的深层次问题尚未得到根本解决,在治理整顿期间我国经济发展速度有所放缓,同时,世界社会主义发生的曲折对我国也产生了一定的负面影响,导致有人开始对社会主义的前途缺乏信心,也有人对改革开放产生怀疑,提出了姓"社"还是姓"资"的疑问。在这个重要历史关头,邓小平于1992年初先后到武昌、深圳、珠海、上海等地视察,发表了重要谈话。他谆谆告诫人们:"改革开放胆子要大一些,敢于试验,不能像小脚女人一样。看准了的,就大胆地试,大胆地闯。深圳的重要经验就是敢闯。没有一点闯

---

① 《邓小平年谱》第5卷,中央文献出版社2020年版,第572页。
② 《邓小平年谱》第5卷,中央文献出版社2020年版,第586页。
③ 《邓小平年谱》第5卷,中央文献出版社2020年版,第654页。

的精神,没有一点'冒'的精神,没有一股气呀、劲呀,就走不出一条好路,走不出一条新路,就干不出新的事业。"① 他就是这样在信步闲谈中回答了长期困扰和束缚人们思想的许多重大问题,从而指明了中国改革的大方向,绘就了中国改革的宏伟蓝图。

柔中寓刚　绵里藏针

1973年12月,邓小平第二次复出后不久,毛泽东在中央政治局扩大会议上对他说:"我送你两句话:柔中寓刚,绵里藏针。外面和气一点,内部是钢铁公司。"② 其实,这两句话正体现了邓小平的为人特点和领导艺术:既有原则上的坚定性,又有策略上的灵活性;既有抓工作时的雷厉风行,又有待人接物时的谦虚平和。

邓小平的"刚"表现在他坚持原则的一贯作风上:他很早就投身于共产主义运动,尽管多次经历革命事业的艰难曲折,但他的立场却从不动摇、信念从不动摇、原则从不动摇。"文化大革命"期间,邓小平的第二次复出引起了"四人帮"的不满,他们多次制造事端,围攻邓小平。1974年10月,江青一伙借"风庆轮事件"强迫与会者对他们认定的所谓"卖国主义路线"表态。对此,邓小平愤然予以驳斥道:这件事还要调查一下,首先应该把情况弄清楚,不能搞强加于人的做法。他原来坐着,后来站起来说。理屈词穷的江青一气之下,竟对邓小平肆意谩骂,张春桥、姚文元也趁机跟着一起攻击邓小平。邓小平忍无可忍,愤然退场。后来,在与毛泽东谈及此事时,邓小平称

---

① 《邓小平文选》第3卷,人民出版社1993年版,第372页。
② 《邓小平年谱》第3卷,中央文献出版社2020年版,第659页。

之为"钢铁公司对钢铁公司"。他的刚毅作风由此可见一斑。1975年11月,中央政治局会议召开,专门讨论对"文化大革命"的评价问题。毛泽东希望通过这个会议,在如何评价"文化大革命"这一问题上能够统一思想认识。会前,毛泽东提出,由邓小平主持,中央作出一个肯定"文化大革命"的决议,总的评价是"七分成绩,三分缺点"。对此,邓小平明确表示:由我主持写这个决议不适宜,我是桃花源中人,"不知有汉,无论魏晋"。① 以这件事为契机,很快掀起了一场"反击右倾翻案风"运动,邓小平受到严重批判。他宁愿冒着自己受批判、靠边站的风险,也不愿意违心地主持写一个肯定"文化大革命"的决议,可见他在原则问题上的坚定。

邓小平的"柔"既表现在策略的灵活性上,也表现在对人民群众、对同志朋友的平和诚恳上。他平易近人,与他相处气氛融洽,令人如沐春风。著名的地质学家黄汲清回忆起他在重庆刚解放时见到邓小平的场景时说,邓小平谈笑风生,随时高兴地与客人对话,积极听取客人意见,处理事情考虑周到、恰到好处。1979年盛夏,邓小平游览黄山时,同游客们亲切交谈,也给人们留下了深刻的印象。

邓小平柔中寓刚、绵里藏针的领导艺术在外交场合也得到了淋漓尽致的展现。1960年9月,在中苏谈判期间,苏方长期主管意识形态工作的苏共中央书记苏斯洛夫就曾领教过邓小平的厉害。谈判桌上,邓小平镇定自若、神态自如,总能对苏方的责难作出针锋相对的批驳。当苏斯洛夫指责中方给重庆发电厂苏联专家送白旗,企图将苏联撤走专家的责任推给中方时,邓小平在核实事实后镇定地回答道:"我们确实送了一

---

① 参见《邓小平年谱》第4卷,中央文献出版社2020年版,第132页。

面白旗，上面绣了八个红字：真诚友谊，无私援助。可见苏斯洛夫同志掌握的情况与事实有何等大的距离！你们撤走专家，片面撕毁合同，不仅造成我们国民经济的巨大损失，而且严重损害了中国人民感情！"① 由此，邓小平严厉批评了苏联背信弃义的行径，维护了国家的利益。

20世纪80年代中英谈判时，邓小平也展现出了坚定的立场和超群的智慧。谈判开始前，他在会见香港总督麦理浩时就明确表示：我们历来认为，香港主权属于中华人民共和国，这个问题本身不能讨论。但解决这个问题时，我们也会尊重香港的特殊地位。② 1981年12月，中共中央作出了于1997年7月1日收回香港的决定。中国政府对处理香港问题确定了两条原则：一是一定要在1997年收回香港，恢复行使主权，不能再晚；二是在恢复行使主权的前提下，保持香港的稳定和繁荣。这两条原则贯穿于整个谈判的过程中。1982年9月，英国首相撒切尔夫人访问中国，正式拉开中英关于香港问题谈判的序幕。撒切尔夫人号称"铁娘子"，而且英国刚刚在与阿根廷就马尔维纳斯群岛主权归属争议引起的战争中获得胜利。来中国前，她曾志在必得地声明，关于香港问题的三个条约仍然有效。和邓小平会晤时，她仍顽固坚持任何修订都要以三个条约为依据。她强调香港的繁荣有赖于英国的统治，并认为如果现在对英国的管理实行或宣布重大改变，将对香港产生灾难性影响。对此，邓小平毫不让步，掷地有声地明确表示：

关于主权问题，中国在这个问题上没有回旋余地。坦率地讲，主权问题不是一个可以讨论的问题。现在时机已经成

---

① 赵新培：《阎明复：随邓小平五赴莫斯科》，《北京青年报》2004年8月20日。
② 参见《邓小平年谱》第4卷，中央文献出版社2020年版，第500页。

熟了，应该明确肯定：一九九七年中国将收回香港。就是说，中国要收回的不仅是新界，而且包括香港岛、九龙。中国和英国就是在这个前提下来进行谈判，商讨解决香港问题的方式和办法。如果中国在一九九七年，也就是中华人民共和国成立48年后还不把香港收回，任何一个中国领导人和政府都不能向中国人民交代，甚至也不能向世界人民交代。①

同时，邓小平又考虑到了历史实际，对如何保持香港繁荣的政策进行了阐述。他指出，香港继续保持繁荣，根本上取决于中国收回香港后，在中国的管辖之下，实行适合于香港的政策。香港现行的政治、经济制度，甚至大部分法律都可以保留，当然，有些要加以改革。香港仍将实行资本主义，现行的许多适合的制度要保持。② 这次谈话鲜明地表达了中国共产党和中国政府的原则立场和按时收回香港的坚定决心。通过这次会谈，中方掌握了收回香港的主动权，解决香港问题的基调就这样按照中国人民的意志定了下来。"一国两制"构想的第一次实践取得了成功，这一创造性方针充分体现了原则坚定性与策略灵活性的完美结合，为世界各国提供了国家间解决历史遗留问题的范例。

知人善用　精于协调

善于发现人才、团结人才、使用人才，是成熟领导者的主要标志

---

① 参见《邓小平文选》第3卷，人民出版社1993年版，第12页。
② 参见《邓小平文选》第3卷，人民出版社1993年版，第13页。

十、向邓小平学习领导艺术

之一,邓小平正是这样一个知人善用、精于协调的卓越领导者。

邓小平很擅长领导团体建设,善于发挥领导班子的集体作用。他长期担任主要领导职务,但不擅权,对领导班子的其他成员十分尊重,诚恳坦率,善于团结一班人共同工作。每当有不同意见时,包括对重要人事安排有不同意见,便会进行反复讨论,并且提倡畅所欲言,大家认为哪种意见比较正确,就一致地按这种意见去办。作出决定后,他也会大胆放手让有关部门和各地区根据实际情况开展工作,不作具体干预,使大家都感到心情舒畅,有充分发挥智慧和施展才干的机会。在革命战争年代,他和刘伯承互相尊重、互相支持,工作非常协调,堪称团结互助的典范。在职责分工上,刘伯承主管军事,邓小平主管政治,既有分工又有合作。邓小平在谈到他与刘伯承的关系时说:

> 我们之间感情是很融洽的,工作关系是非常协调的。我们偶然也有争论,但从来没有哪个固执己见,哪个意见比较对,就一致地做去。我们每每听到某些同志对上下、对同级发生意气之争,遇事总以为自己对,人家不对,总想压倒别人,提高自己,一味逞英雄,充"山大王",结果弄出错误,害党误事。假如这些同志一切从国家、人民和党的利益出发,而不是从个人的荣誉地位出发,那又怎么会犯这样的错误呢?①

在长达十余年的合作中,刘邓二人在任何情况下都能密切配合,

---

① 参见《邓小平文选》第1卷,人民出版社1994年版,第30—31页。

亲密无间。人们常说：刘邓之间，是连一个逗号都插不进去的。邓小平自己也深情地说，人们习惯地把"刘邓"连在一起，在我们两人心里，也觉得彼此难以分开。

邓小平十分关心下属。当了解到下级有困难时，便时刻挂在心上，及时给予其切实的帮助。有一次，他染上了风寒，痊愈后身体仍十分虚弱。战士们听说野鸽子有滋补作用，便打了几只野鸽子炖汤给他吃。但没想到的是，等到开饭时，邓小平把鸽子汤大部分留给了他们。战士们不肯吃，邓小平亲切地说：我们红军的规矩就是有盐同咸、无盐同淡嘛，大家赶紧把这点野鸽子汤吃了！在抗日战争最艰苦的时期，邓小平和刘伯承在了解到冀南抗日根据地形势严峻、牺牲的干部较多的情况后，为了保存力量，他们主动提出，把冀南区党委和军区的领导机关迁到条件稍好一点的平汉路以西去办公。冀南区党委的领导同志认真研究了上级的指示，认为还是继续留在冀南，同群众一起坚持斗争更为有利。邓小平和刘伯承对此表示赞同，同时考虑到实际困难，决定把条件稍好一些的冠县等6县划归冀南，改为冀南七地委和第七军分区。有一次，邓小平约边区政府领导谈工作，有几位领导同志由于精力不足打起了瞌睡。邓小平见状十分心疼，当即决定将边区政府厅一级的干部一个月的津贴增加到10元。

邓小平总是善于鼓舞士气，以调动下属的积极性。在中央苏区时期，他任会昌中心县委书记时，有一次听到一些同志抱怨红糙米饭太硬、不好吃，继而引申出对革命艰苦条件的抱怨后，并没有责备这些同志，而是幽默地说：红糙米饭，外红里红，营养丰富，吃了添精神长志气。前几年，毛泽东同志、朱德同志在井冈山和红军战士一起，不也是吃红米饭南瓜汤坚持斗争吗？吃红米饭闹革命前途无量啊！一

十、向邓小平学习领导艺术

番话说得大家都乐了,同志们的志气得到了极大的鼓舞。长征刚刚开始时,条件艰苦,邓小平和陈云就开玩笑地成立了一个"牛皮公司",陈云是总经理,邓小平是副总经理。没有吃的,就讲各地美食,进行精神会餐。① 邓小平是四川人,最喜欢讲四川的美食。就这样,邓小平在"吹牛皮"中不知不觉调动了大家的革命乐观主义精神。1949年春,随着解放战争的胜利推进,在百万雄师过大江的前夜,邓小平在安徽省桐城县一个学校的广场上召集了二野三、五兵团部分团以上干部大会。他信心百倍地说,打过长江,解放全中国,将革命进行到底,必须要有英勇战斗、不怕牺牲的精神,就是要像当年的红军一样。接着,他强调说,只有打不得的官,没有打不得的兵。历来如此。只要干部身先士卒,冲锋在前,部队就能指到哪里打到哪里。这番话,让与会者受到了巨大的鼓舞和激励。

邓小平十分重视培养和选用人才,他强调:"人才不断涌出,我们的事业才有希望。"② 为此,他针对领导班子提出了明确的用人标准:"我们今后配备领导班子的时候,要选用什么人呢?要选那些认真学习马列主义、毛泽东思想,在斗争中经得起考验的人;要选那些党性强,能团结人,不信邪的人;要选那些艰苦朴素,实事求是,说老实话,办老实事,做老实人,作风正派的人;要选那些努力工作,联系群众,关心群众疾苦,有魄力,有实际经验,能够办事的人。"③ 1980年,他提出了实现干部队伍革命化、年轻化、知识化、专业化的

---

① 参见邓榕:《我的父亲邓小平:戎马生涯》,中央文献出版社2010年版,第159页。
② 《邓小平文选》第3卷,人民出版社1993年版,第18页。
③ 《邓小平文选》第2卷,人民出版社1994年版,第75页。

要求。他指出:"要在坚持社会主义道路的前提下,使我们的干部队伍年轻化、知识化、专业化,并且要逐步制定完善的干部制度来加以保证。提出年轻化、知识化、专业化这三个条件,当然首先是要革命化,所以说要以坚持社会主义道路为前提。"① 此外,邓小平还提出了破格提拔人才的思想。他指出,在提拔中青年干部时,"特别优秀的,要给他们搭个比较轻便的梯子,使他们越级上来"。② 邓小平的选人用人思想,为新时期党的人才工作提供了根本遵循。

"一个高明的领导,讲究领导艺术,知关节,得要领,把握规律,掌握节奏,举重若轻。"③ 我们要学习邓小平的领导艺术,努力掌握好能够适应新形势新任务新要求的领导艺术、领导方式和领导方法,成为一名能担当民族复兴大任的新时代领导干部。

---

① 《邓小平文选》第2卷,人民出版社1994年版,第361页。
② 《邓小平文选》第2卷,人民出版社1994年版,第324页。
③ 习近平:《之江新语》,浙江人民出版社2007年版,第27页。

十一
向邓小平学习科学决策

邓小平的智慧和策略有独到之处，这从人们给他而他又乐于接受的称号——中国社会主义改革开放和现代化建设的"总设计师"就可以体味出来。"总设计师"没有"导师""统帅""舵手"之类的称号那么神秘，但却更突出了谋略的意味。邓小平的领导艺术是一种智慧，既讲究科学性，又富有人情味。他的方法策略是解放思想与实事求是的统一，体现出了辩证思维的取向。他的领导风格既果断又准确，表现出了惊人的效率。邓小平兼具原则性和灵活性，既注重大方针，又讲究小方法，是驾驭全局、精干决断的典范。

"摸着石头过河"

"摸着石头过河"是富有中国特色、符合中国国情的改革方法，也是邓小平在改革开放以后常提到的一句话。作为形象地反映中国共产党勇于探索精神的一句名言，"摸着石头过河"早已家喻户晓。

其实，最早提出"摸着石头过河"并把这句话作为一种工作方法的不是邓小平，而是陈云。新中国成立后，陈云曾先后多次提及"摸着石头过河",并把"摸着石头过河"作为一种重要的思想和工作方法。改革开放以后,陈云也多次讲到要"摸着石头过河",比较典型的一次是1980年12月16日,他在中央工作会议上发表了题为《经济形势与经验教训》的重要讲话。在这次讲话中,他从总结历史经验教训的角度论述了在改革开放中应采取的原则和方法,并指出:"我们要改革,但是步子要稳。因为我们的改革,问题复杂,不能要求过急。改革固然要靠一定的理论研究、经济统计和经济预测,更重要的还是要从试点着手,随时总结经验,也就是要'摸着石头过河'。开始时步子要小,缓缓而行。"① 这次会议由邓小平作总结。在12月25日的闭幕会上,邓小平明确表示完全同意陈云的讲话,他指出,陈云同志的"这个讲话在一系列问题上正确地总结了我国三十一年来经济工作的经验教训,是我们今后长期的指导方针"。② 由此看来,邓小平的思路和陈云是完全一致的。正因为如此,人们才把"摸着石头过河"也看作邓小平的重要思想。

中国特色社会主义建设是一项前无古人的事业,既不可能在马列主义的"本本"上找到现成答案,也没有任何现成的实践经验可以照搬照抄,更不可能一开始就有非常清晰具体的方案。因此,只有从中国的实际出发,以马克思列宁主义、毛泽东思想为指导,把握住"实事求是"这个马克思主义的精髓,解放思想,独立思考,大胆探索,去进行新的实践,才能实现民族复兴的历史伟业。对于这种创业的艰巨性,邓小平有着清醒的认识。所以,在改革开放之初,他就提醒人们:"我们现在所干的事业是一项新事业,马克思没有讲过,我们前

---

① 《陈云文选》第3卷,人民出版社1995年版,第279页。
② 《邓小平文选》第2卷,人民出版社1994年版,第354页。

人没有做过，其他社会主义国家也没有干过。所以，没有现成的经验可学，我们只能在干中学，在实践中摸索。"① 他还指出："我们现在做的事都是一个试验。对我们来说，都是新事物，所以要摸索前进。既然是新事物，难免要犯错误。我们的办法是不断总结经验，有错误就赶快改，小错误不要变成大错误。"②

把中国的改革比作"摸着石头过河"，就是告诫我们：在对河水的深浅、水流急缓等还没有完全清楚之前，还不知底细，这就需要摸一摸再走。贸然下水，无忌过河，就有失足倒身、被水淹死的危险。这里所强调的是：一要摸着石头，谨慎细心；二要过河，勇往直前。所以，这是一种科学的态度和方法。

作为中国社会主义改革开放和现代化建设总设计师的邓小平，时常喜欢用生动的比喻把深刻的道理简明化、形象化、大众化，使人们易于掌握，如著名的"不管黄猫黑猫，捉住老鼠就是好猫"，人们无不耳熟能详。实行改革开放后，邓小平之所以经常强调"摸着石头过河"这一重要方法，是因为他深知改革开放是一个崭新的实践，全党对此还缺乏经验，既要大胆开拓，又要随时总结经验，才能稳妥审慎地前进。"摸着石头过河"这句话正是体现了这种要求，而且既形象又好记。

翻开《邓小平文选》，可以看到邓小平有着许多关于改革方法的论述，这些重要论述都可以说是对"摸着石头过河"的最好注解。例如："胆子要大，步子要稳。所谓胆子要大，就是要坚定不移地搞下

---

① 《邓小平文选》第 3 卷，人民出版社 1993 年版，第 258—259 页。
② 《邓小平文选》第 3 卷，人民出版社 1993 年版，第 174 页。

去；步子要稳，发现问题就赶快改。"①"开放不简单，比开放更难的是改革，必须有秩序地进行。所谓有秩序，就是既大胆又慎重，要及时总结经验，稳步前进。"②"一开始就自以为是，认为百分之百正确，没那么回事，我就从来没有那么认为。每年领导层都要总结经验，对的就坚持，不对的赶快改，新问题出来抓紧解决。"③"每项改革涉及的人和事都很广泛，很深刻，触及许多人的利益，会遇到很多的障碍，需要审慎从事。"④"要先从一两件事上着手，不能一下子大干，那样就乱了。国家这么大，情况太复杂，改革不容易，因此决策一定要慎重，看到成功的可能性较大以后再下决心。"⑤"改革没有万无一失的方案，问题是要搞得比较稳妥一些，选择的方式和时机要恰当。不犯错误不可能，要争取犯得小一点，遇到问题就及时调整。这是有风险的事情，但我看可以实现，可以完成。这个乐观的预言，不是没有根据的。同时，我们要把工作的基点放在出现较大的风险上，准备好对策。这样，即使出现了大的风险，天也不会塌下来。"⑥

从这些重要论述中可以清楚地看出，邓小平所推崇的"摸着石头过河"，就是注重实干、反对空谈，注重实效、把握机遇；就是勇于实践探索、善于总结经验，在实践中学习、在试验中探索、在探索中前进。这种方法的巧妙之处在于：如果试点成功了，就可以很快地以较低的行政成本在全国予以推广；如果试点不成功，则可以马上叫停、

---

① 《邓小平文选》第 3 卷，人民出版社 1993 年版，第 118 页。
② 《邓小平文选》第 3 卷，人民出版社 1993 年版，第 199 页。
③ 《邓小平文选》第 3 卷，人民出版社 1993 年版，第 372 页。
④ 《邓小平文选》第 3 卷，人民出版社 1993 年版，第 176 页。
⑤ 《邓小平文选》第 3 卷，人民出版社 1993 年版，第 177 页。
⑥ 《邓小平文选》第 3 卷，人民出版社 1993 年版，第 267 页。

重来。即使出了问题，也可以将损失减少到最低限度。这样一条先易后难的务实路径，谋求的是由点及面的稳步推进。如此一来，在改革进程中，面对不断涌现出来的新问题、新现象、新矛盾，就能够做到及时调整改革的策略和思路，使改革得以有条不紊、脚踏实地推进。

中国的改革实践证明，"摸着石头过河"对于大胆解放思想、积极稳妥地推进改革起到了十分巨大的指导作用。比如，中国共产党从意识到完全实行计划经济的不足，进而形成"计划经济为主，市场调节为辅"的思路，到确认中国社会主义经济是公有制基础上的有计划商品经济，再到明确社会主义有计划商品经济体制是计划与市场内在统一的体制，最后到确定经济体制改革的目标是建立社会主义市场经济体制，一步步地前进，每次都是根据实践发展的需要不断总结实践经验，进而提出新的理论，然后又在实践中予以检验、修正、完善，再用以指导实践，从而推动中国的经济体制改革由浅入深不断前进。在这个过程中，可以说，如果离开了"摸着石头过河"的方法，中国的改革是不可能顺利进行的。

对外开放也是这样：先是在深圳、珠海等地开始试验创办经济特区，待取得成效后，再进一步开放14个沿海城市，然后开放沿海经济开放区，最后发展到沿江沿边和内陆中心城市的开放。这些实践都是在邓小平"摸着石头过河"思想指导下进行的。

那么，今天我们应该从"摸着石头过河"的思想和方法中汲取哪些政治智慧呢？首先，应当具备敢闯敢试的大无畏精神和敢于负责、勇于承担责任的广阔胸怀。其次，"摸着石头过河"要求我们必须做到实事求是。

总之，一句话，"摸着石头过河"的思想告诉我们：在改革开放的道路上胆子要大，要敢于冒风险；同时，步子要稳，要有科学的态度和求真务实的精神。

"不争论" "允许看"

老子说："圣人之道，为而不争。以其不争，故天下莫能与之争。"老子的本意是提倡"无为而治"，即要人们安于现状，这也反映出了道家面临社会变动而无能为力的消极思想。

然而，老子的与世无争思想却被邓小平赋予了新的内涵，成为一条重要的治国安邦的妙策，那就是：允许看，不争论。他说："不搞争论，是我的一个发明。"[1]

邓小平提出不争论，是有独特的历史与现实背景的：在我们党和国家的历史上，从20世纪50年代关于过渡时期总路线的争论开始，逐渐形成一种风气，这就是不管大事小事，都要来个全民争论。过渡时期总路线是否正确？"大跃进"是否冒进？它是否违反了客观规律？公共食堂的优点是什么？包产到户这种生产形式会不会破坏集体经济？诸如此类，可谓举不胜举。"文化大革命"期间，这种争论更是此起彼伏。之所以开展这些争论，是因为争论的双方都相信真理越争越明，但结果往往却恰恰相反，而是愈争愈复杂、愈争离真理愈远，愈争愈使我们的生产建设、综合国力、人民的生活水平远远落在别人后面。20年的宝贵发展时间，就这样在一次次的争论中被白白浪费了，这方面的教训不可谓不深刻。邓小平从20年的争论中得出一个结论：空谈

---

[1] 《邓小平文选》第3卷，人民出版社1993年版，第374页。

十一、向邓小平学习科学决策

误国，争论误事。

改革开放以后，我国面临的新事物、新情况越来越多，社会发展的节奏不断加快，而一部分同志仍停留在过去的思路，每当新政策新事物出现时，总要慷慨激昂地论战一番。这样一来，迫使另一方只得迎战，双方你争我论，最后元气大伤，不仅愈争愈不清，而且延宕了改革进程，以致贻误了大好的发展时机。许多有志于厉行改革的人士，面对难见高下的论局，也只好心有余悸地停在一旁，不敢跨越雷池。见此情景，邓小平的办法是"不争论"。

为什么不争论？邓小平认为："不争论，是为了争取时间干。一争论就复杂了，把时间都争掉了，什么也干不成。"① 显然，邓小平的"不争论"主张是一个注重实效的价值取向，是一个抓紧时机加速发展的策略，是一个以实际效果来最终说明问题的务实观点。从这一价值取向出发，邓小平反对空谈误国，说到底是为了使改革开放事业摆脱无休无止争论的纠缠，好让改革者们甩开膀子大胆干。为此，他说：我就担心丧失机会。不抓呀，看到的机会就丢掉了，时间一晃就过去了。②

"不争论"的实质是着眼发展、反对空谈，尊重事实、提倡实干。说到底，中国的改革是在不断探索中前进的实践过程，是脚踏实地干的过程。正是基于此，邓小平更加注重实干兴邦，提倡在干中解决问题。因此，他认为，用实践来验证，比争论更有说服力，对待改革和现代化进程出现的分歧，不应刻意讲求口头上的争论，而应由实践来统一认识，不搞"一刀切"，不搞强制，不搞批判，不扣帽子，一切

---

① 《邓小平文选》第 3 卷，人民出版社 1993 年版，第 374 页。
② 参见《邓小平文选》第 3 卷，人民出版社 1993 年版，第 375 页。

从实际出发，用事实教育人，拿事实说话。

邓小平是务实的改革家。对于每一次重大政策的出台，他总是会根据最后结果和实效来下结论、定是非。在他看来，对于那些已经付诸实践的、有争议的问题，因为时机和形势尚未成熟，争议对象本身还有待观察，因此不宜做结论，也不宜争论。怎么办呢？邓小平给出的办法有两个：一个是看实效断是非；二是允许看，让持异议的同志有个转弯子的过程。

看实效、断是非，最突出的一个典型就是农村家庭联产承包责任制。党的十一届三中全会前后，一些地区的农村悄悄恢复了包产到户的试验，其中，在安徽凤阳县甚至出现了比包产到户更彻底、更简便的包干到户的形式，并取得了明显成效。以万里为第一书记的中共安徽省委对此表示了明确支持。但由于无论采用包产到户还是包干到户，在直到当时为止的中央文件中都还未被允许，因此，非议和争论也纷至沓来，人们一时议论纷纷，并且在党内引起了公开批评和很大争论。

面对农村改革中农民自发的创造性行动，邓小平以他一贯倡导的实事求是精神，允许人们大胆地试。在1979年6月召开的五届全国人大二次会议期间，当万里汇报安徽农村搞包产到户遭到反对的情况时，邓小平发表意见说：不要争论，你就这么干下去就行了，就实事求是干下去。[①]

进入1980年，包产到户和包干到户发展很快，不仅在安徽、贵州等地形成了气候，即使像广东湛江这样的地区，也已"成燎原之势，到处冒烟"。邓小平始终关注着人民群众的试验和探索。随着包产到户从个别省份发展到全国许多省市，他的态度愈发鲜明而坚决。1980

[①] 参见《邓小平年谱》第4卷，中央文献出版社2020年版，第531页。

十一、向邓小平学习科学决策

年4月2日和5月31日，邓小平在不到两个月的时间内先后两次发表指导性谈话，明确地支持农村改革。他指出，政策要放宽，要使每家每户都自己想办法，多找门路，增加生产，增加收入。有的可包给组，有的可包给个人，这个不用怕，这不会影响我们制度的社会主义性质。在这个问题上要解放思想，不要怕。① 农村政策放宽以后，一些适宜搞包产到户的地方搞了包产到户，效果很好，变化很快。有的同志担心，这样搞会不会影响集体经济。我看这种担心是不必要的。总的说来，现在农村工作中的主要问题还是思想不够解放，除表现在集体化的组织形式这个方面外，还有因地制宜发展生产的问题。②

随着改革实践的发展，坚冰终于渐渐被突破。1980年9月召开的各省、市、自治区党委第一书记座谈会明确了"在生产队领导下实行的包产到户是依存于社会主义经济，而不会脱离社会主义轨道的，没有什么复辟资本主义的危险，因而并不可怕"。③ 此后，从1982年到1984年，中央连续三年发布"一号文件"，其中，1982年中央"一号文件"明确指出："目前实行的各种责任制，包括小段包工定额计酬，专业承包联产计酬，联产到劳，包产到户、到组，包干到户、到组，等等，都是社会主义集体经济的生产责任制。不论采取什么形式，只要群众不要求改变，就不要变动。"④ 这样，就毫不含糊地给包产到户、包干到户正了名，明确了它姓"社"又姓"公"，为多年来的争

---

① 参见《邓小平年谱》第4卷，中央文献出版社2020年版，第616页。
② 参见《邓小平年谱》第4卷，中央文献出版社2020年版，第641、642页。
③ 中共中央文献研究室编：《三中全会以来重要文献选编》（上），中央文献出版社2011年版，第474页。
④ 中共中央文献研究室编：《三中全会以来重要文献选编》（下），中央文献出版社2011年版，第364页。

论作了结论。

对于这段历史，邓小平在1992年初的南方谈话中作了回顾。他指出：

> 对改革开放，一开始就有不同意见，这是正常的。不只是经济特区问题，更大的问题是农村改革，搞农村家庭联产承包，废除人民公社制度。开始的时候只有三分之一的省干起来，第二年超过三分之二，第三年才差不多全部跟上，这是就全国范围讲的。开始搞并不踊跃呀，好多人在看。我们的政策就是允许看。允许看，比强制好得多。我们推行三中全会以来的路线、方针、政策，不搞强迫，不搞运动，愿意干就干，干多少是多少，这样慢慢就跟上来了。①

对待农村改革之后出现的对乡镇企业和创办经济特区这两个新生事物的激烈争论，邓小平的办法亦是如此。当时，对乡镇企业异军突起的议论很多，但邓小平全面地观察分析了乡镇企业发展的利弊，充分肯定了乡镇企业的高速增长和其对50%农村剩余劳动力的解决以及其对乡村城镇化的促进这三个方面的巨大成果。从看实效的角度出发，邓小平指出，农村改革中，我们完全没有预料到的最大的收获，就是乡镇企业发展起来了。农村改革的成功增加了我们的信心，我们把农村改革的经验运用到城市，进行以城市为重点的全面经济体制改革。②

对待经济特区的评价更是这样。一开始，对创办和试验深圳特区

---

① 参见《邓小平文选》第3卷，人民出版社1993年版，第374页。
② 参见《邓小平文选》第3卷，人民出版社1993年版，第238—239页。

十一、向邓小平学习科学决策

的意见不一，争论很多，甚至还有人持怀疑态度。为此，1984年，邓小平风尘仆仆地来到特区视察，看到深圳经济特区一片兴旺气象，最后下了这样一个重实效的结论："深圳的发展和经验证明，我们建立经济特区的政策是正确的。"①

不争论的要义之一是允许看。其中，最著名的一个例子要数有关雇工问题的争论了。20世纪80年代初，安徽省芜湖市的个体户年广九，靠炒瓜子成了中国最早的百万富翁之一，还雇了100多人炒瓜子。由于雇工人数多，超过了过去所谓马克思在《资本论》当中所提到的人数（当时7个雇工以下被作为独立劳动者，8个雇工以上就被视为资本家），从而引发了一场波及全国的关于"雇工风波"的争论。面对纷纷攘攘的争论，邓小平的办法是允许看，让事实来说话。于是，从1980年到1992年，他曾三次论及"傻子瓜子"。

第一次是1980年。在中央农村工作会议上，安徽省农委散发了200份关于安徽芜湖"傻子瓜子"的调查材料，介绍了其有几名雇工，但企业效益、社会效益都较好的经营状况，提出了应该允许其存在发展的意见。时任中央农村政策研究室主任的杜润生看了这份材料，认为很有典型意义，于是把它呈送给了邓小平。邓小平看后当即就对个体私营经济的发展给予了肯定，并就一些人对姓"资"姓"社"的争论，指出要"放一放""看一看"。于是，一大批个体户在不争论的大环境中就这样悄然成长起来。

第二次是1984年10月。在中顾委第三次全体会议上，面对部分老同志对私营经济的担心，邓小平明确表示："还有的事情用不着急

---

① 《邓小平文选》第3卷，人民出版社1993年版，第51页。

于解决。前些时候那个雇工问题，相当震动呀，大家担心得不得了。我的意见是放两年再看。那个能影响到我们的大局吗？如果你一动，群众就说政策变了，人心就不安了。你解决了一个'傻子瓜子'，会牵动人心不安，没有益处。让'傻子瓜子'经营一段，怕什么？伤害了社会主义吗？"① 由此，"傻子们"的生存环境更加宽松了。"傻子瓜子"从家庭作坊很快成长为具有知名品牌的公司。1988年，新修订的我国宪法明确提出，私营经济是社会主义公有制经济的补充，国家允许私营经济在法律规定的范围内存在和发展。从此，私营经济走向了合法。

第三次是1992年初。邓小平在南方谈话中指出："农村改革初期，安徽出了个'傻子瓜子'问题。当时许多人不舒服，说他赚了一百万，主张动他。我说不能动，一动人们就会说政策变了，得不偿失。像这一类问题还有不少，如果处理不当，就很容易动摇我们的方针，影响改革的全局。城乡改革的基本政策，一定要保持长期稳定。"② 邓小平有关"傻子瓜子"的论述，给广大个体经济和私营经济经营者吃了一颗"定心丸"。1992年，全国私营企业纳税额比1989年翻了一番。此后，私营企业迅速成长壮大。1999年，我国再次修订宪法，明确在法律规定范围内的个体经济、私营经济等非公有制经济，是社会主义市场经济的重要组成部分。

不争论是一种大智慧、大胸怀、大气魄、大担当。邓小平提出，不争论的主张，最基本的目的就是要人们在改革开放中排除顾虑，大胆地探索和进取。为此，他斩钉截铁地指出："改革开放胆子要大一

---

① 《邓小平文选》第3卷，人民出版社1993年版，第91页。
② 《邓小平文选》第3卷，人民出版社1993年版，第371页。

些，敢于试验。看准了的，就大胆地试，大胆地闯。没有一点闯的精神，没有一点'冒'的精神，就干不出新的事业。"① 不争论所体现的是实践的彻底性，是开拓创新的精神。改革开放以来，正是由于邓小平坚持倡导了重实效的务实精神，才使长期以来崇尚空谈的政治风气为之一扫，进而推动中国的改革开放事业扎扎实实地取得了一系列巨大成就。

值得说明的是，邓小平提出不争论，并不是指对所有的问题都顺其自然。邓小平所讲的不争论强调的是不受消极思想和纸上谈兵习气的影响，并非不讲原则、不坚持原则。恰恰相反，在他看来，有些重大的原则性问题不仅要争，还要大争特争，非弄清楚不可。众所周知，1978年的真理标准问题之争是在邓小平的大力支持下才得以冲破"两个凡是"的思想桎梏而全面展开，进而推动了党的实事求是思想路线的重新确立的。对此，邓小平曾多次高度称赞说："这个争论很有必要，意义很大……是个政治问题，是个关系到党和国家的前途和命运的问题。"② 改革开放以后，针对资产阶级自由化思潮，邓小平不断强调要旗帜鲜明地加以批判，并指出："某些人所谓的改革，应该换个名字，叫作自由化，即资本主义化……我们讲的改革与他们不同，这个问题还要继续争论的。"③

再比如，在民主集中制原则下，对于不同工作意见的争论，邓小平也是提倡的。1978年12月，邓小平在听取徐向前、韦国清等汇报中共中央军委座谈会的情况时指出："会议可以延长，让大家把话讲

---

① 《邓小平文选》第3卷，人民出版社1993年版，第372页。
② 《邓小平文选》第2卷，人民出版社1994年版，第143页。
③ 《邓小平文选》第3卷，人民出版社1993年版，第297页。

完。对有不同看法的问题，可以辩论，把问题讲清楚。然后把问题集中起来，由军委研究解决。"① 1979 年 10 月，邓小平在一次研究经济工作的会议上又指出："大家对经济问题的看法不一致，这是很自然的……这次会议大家要充分地把矛盾摆出来。我主张采取辩论的方法，面对面，不要背靠背，好好辩论辩论。真理就是辩出来的。"②

另外，关于学术问题，邓小平也主张百家争鸣。1977 年 8 月，刚刚复出的邓小平在科学和教育工作座谈会上讲道："我们现在不同意见的争论、讨论不是太多了，而是太少了。讨论当中可能会出来一些错误的意见，也不可怕。我们要坚持百家争鸣的方针，允许争论。不同学派之间要互相尊重，取长补短。要提倡学术交流。"③

不该争的"不争"，该争的还是"要争"，这可以说是邓小平不争论思想的两个重要体现。因此，我们要全面地理解和把握邓小平的不争论，不可偏废。

"发展才是硬道理"

世界上有许多道理。在这许多的道理之中，邓小平发现，有一个道理，不是靠"讲"出来的，也不是靠雄辩可以攻破的，可以叫作"硬道理"，那就是"发展才是硬道理"。

发展才是硬道理，这是邓小平在深刻反思和总结党的历史经验教训的基础上提出来的。回顾党的历史，新中国成立伊始，外有抗美援

---

① 《邓小平年谱》第 4 卷，中央文献出版社 2020 年版，第 459 页。
② 《邓小平文选》第 2 卷，人民出版社 1994 年版，第 201 页。
③ 《邓小平文选》第 2 卷，人民出版社 1994 年版，第 57 页。

朝战争，内有土改和清匪反霸的阶级斗争，在国际国内情况十分复杂的条件下，中共中央和毛泽东高度重视国家建设和经济工作，采取了一边打抗美援朝战争、一边迅速进行国内建设的方针，使国民经济迅速得到了恢复。1956年，党的八大正确分析了国内主要矛盾的变化，指出："我们国内的主要矛盾，已经是人民对于建立先进的工业国的要求同落后的农业国的现实之间的矛盾，已经是人民对于经济文化迅速发展的需要同当前经济文化不能满足人民需要的状况之间的矛盾。""党和全国人民的当前的主要任务，就是要集中力量来解决这个矛盾，把我国尽快地从落后的农业国变为先进的工业国。"① 然而，遗憾的是，党的八大的路线并没有在实践中贯彻下去。在1957年反右派斗争被严重地扩大化以后，党的工作重点逐渐演变为以阶级斗争为中心。由于工作偏离了经济建设这个中心，致使经济建设没有能够取得应有的成就，我国同西方国家的差距逐渐拉大，经济发展水平也落在许多周边国家之后。对此，邓小平深有感触地说："多少年来我们吃了一个大亏，社会主义改造基本完成了，还是'以阶级斗争为纲'，忽视发展生产力。'文化大革命'更是走到了极端。"②

正是由于对历史经验教训的深刻体悟，在邓小平看来，发展始终是第一位的问题。在他许许多多的讲话中，出现频率最高的词汇就是"发展"。有人曾统计过，"发展"一词在《邓小平文选》第二卷中出现了约240次，第三卷中出现了约450次。仅在1992年南方谈话中，"发展"这个词就出现了约60次。可以说，邓小平想的是发展，说的

---

① 中共中央文献研究室编：《建国以来重要文献选编》第9册，中央文献出版社2011年版，第293页。
② 《邓小平文选》第3卷，人民出版社1993年版，第141页。

是发展，抓的也是发展。

发展才是硬道理中，"硬"的含义非常丰富。首先，它是强调在任何时间和任何情况下都不能背离或放弃生产力发展和经济建设这个中心，其他一切任务都要服从这个中心、围绕这个中心，决不能干扰它、冲击它。这是个根本的原则问题。为此，邓小平反复谆谆告诫全党：在整个社会主义历史时期，特别是在社会主义初级阶段，都要紧紧扭住经济建设这个中心不放，要"放开手脚，把经济搞上去，把生产力搞上去"。①

其次，它强调经济的发展是硬碰硬的事情，是支撑一切的物质基础。只有经济发展了，中国的综合国力和人民生活水平才能提高，社会主义制度的优越性才能充分体现出来。邓小平指出："中国的主要目标是发展，是摆脱落后，使国家的力量增强起来，人民的生活逐步得到改善。"② 正是在这个意义上，邓小平明确地把党的十一届三中全会以来逐步形成的路线称之为"中国的发展路线"。他强调："十一届三中全会以来，全党把工作重点转移到社会主义现代化建设上来，在坚持四项基本原则的基础上，集中力量发展社会生产力。这是最根本的拨乱反正。"③

在改革开放过程中，确保中国稳步、快速地发展，是邓小平思考和筹划党和国家大政方针的主线。每当经济发展遇到干扰，党和国家工作中心有可能偏离以发展为基线的轨道时，邓小平都会及时拨正航向，不允许在这个问题上出现些许偏差。

---

① 《邓小平文选》第 3 卷，人民出版社 1993 年版，第 109 页。
② 《邓小平文选》第 3 卷，人民出版社 1993 年版，第 244 页。
③ 《邓小平文选》第 3 卷，人民出版社 1993 年版，第 141 页。

十一、向邓小平学习科学决策

1988年，我国经济出现明显过热，发生了较为严重的通货膨胀，国家因此决定对国民经济进行治理整顿。此时，邓小平表态说："我赞成边改革、边治理环境整顿秩序……但是，治理通货膨胀、价格上涨，无论如何不能损害我们的改革开放政策，不能使经济萎缩，要保持适当的发展速度。"① 他强调，治理整顿不能影响改革和发展，不能影响经济发展速度。

1989年，我国发生严重政治风波后，邓小平最担心的问题不是西方的"制裁"，而是经济滑坡，称这是他"真正睡不着觉的问题"。对于西方的"制裁"，邓小平对外说过一句"硬"话："我们别的本事没有，但抵抗制裁是够格的。"② 可是，在内部讲话中，他却强调："中国能不能顶住霸权主义、强权政治的压力，坚持我们的社会主义制度，关键就看能不能争得较快的增长速度，实现我们的发展战略。"③

这年6月16日，邓小平在同几位中央负责同志谈话时要求新的领导班子要聚精会神地做几件使人民满意、高兴的事情，其中第一件就是"经济不能滑坡"。他态度十分坚决地说："凡是能够积极争取的发展速度还是要积极争取……要用快刀斩乱麻的办法解决，不能拖。当断不断，要误事。看准了的，积极方面的，有利于发展事业的，抓着就可以干。要在今后的十一年半中争取一个比较满意的经济发展速度。"④

进入20世纪90年代，世界和中国的形势发生了重大的变化，中

---

① 《邓小平文选》第3卷，人民出版社1993年版，第277页。
② 《邓小平文选》第3卷，人民出版社1993年版，第359页。
③ 《邓小平文选》第3卷，人民出版社1993年版，第356页。
④ 《邓小平文选》第3卷，人民出版社1993年版，第312页。

国的经济发展迎来了一个弥足珍贵的大好机遇。能不能抓住这个机遇、加快我国的经济发展，是实现我国"三步走"发展战略的关键，也是邓小平夙夜牵挂的头等大事。在他看来，保持经济发展速度不仅是一个经济问题，更是一个政治问题。这一时期，他在各种场合都反复强调要抓住机遇，保持经济发展速度的重要意义。

1992年，中国历史进入了一个关键时刻。这一年的年初，邓小平视察南方时发表了重要谈话，明确提出了"抓住机遇发展自己""发展才是硬道理"等战略思想。关于"发展才是硬道理"，邓小平指出："要注意经济稳定、协调地发展，但稳定和协调也是相对的，不是绝对的。发展才是硬道理。这个问题要搞清楚。如果分析不当，造成误解，就会变得谨小慎微，不敢解放思想，不敢放开手脚，结果是丧失时机，犹如逆水行舟，不进则退。"①

邓小平鲜明提出"发展才是硬道理"，推动确立了以经济建设为中心的党的基本路线；提出社会主义的根本任务是解放和发展生产力，中国解决所有问题的关键是要靠自己的发展，也具有重要意义。改革开放以来，正是由于我们抓住社会主要矛盾，坚持以经济建设为中心，我国综合国力才不断壮大，人民的生活才不断改善，从而为我们赢得主动、赢得优势、赢得未来打下了坚实的基础。经过改革开放40多年的实践，今天，人们比以往任何时候都更加清楚地认识到了"发展才是硬道理"所蕴含的道理。"发展才是硬道理"作为家喻户晓的一句名言，不但成为了中国发展的战略思想，而且因为其深刻和朴素的话语，成为了很多中国人的信念。

---

① 《邓小平文选》第3卷，人民出版社1993年版，第377页。

"抓住时机，发展自己"

在邓小平的治国实践中，"机遇论"的思想与实践始终是他风格独特的治国方法之一。概括地说，这一思想就是"利用时机，发展自己，关键是发展经济"这句话。

邓小平的"机遇论"是在1992年南方谈话后开始引起国内国际关注的，然而，这一论述的形成却要追溯到其早期的革命生涯。机遇，最早最多的运用来自于军事领域。"因机立胜""审时度势""机不可失""谋必因机而设"等著名的用兵哲理都是从战争实践中提炼出来的。一个指挥员、一个领导者，必须重视利用机遇。"兵争交，将争谋，帅争机"讲的就是这个道理。邓小平是在战场上、马背上成长起来的政治家兼军事家，血与火的战争考验和军事实践造就了他强烈的机遇意识。1989年，他在回忆第二野战军大别山斗争时评价："凡是有机会取得胜利的，没有丧失过机会，该干的都干了。"[①] 可以说，战争年代抓住时机、出奇制胜的军事实践，是邓小平治国实践中"机遇论"及其领导方法最初的思想来源。

邓小平对中国曾错失发展机遇有着切肤之痛，因此，他对抓住时机、发展自己有着特殊的敏感性和紧迫感、责任感。在他看来，能否抓住机遇发展自己，事关摆脱贫困落后状态，实现中国的现代化，提高中国在国际上的战略地位。他多次说过："我们太落后了。我们自己要谦虚一点，说老实话，吹不得牛。""我们太穷了，太落后了，老

[①] 《邓小平文选》第3卷，人民出版社1993年版，第341页。

实说对不起人民。"① 他曾经从明成祖时总结起,来谈论中国因闭关自守丧失发展机遇、搞得贫穷落后、愚昧无知的历史教训;他还经常总结新中国成立以来历次"左"的运动,特别是"文化大革命"使中国丧失发展机遇的沉痛教训。

但邓小平对于机遇重要性的认识远不止于此。他对有关机遇重要性的论述有一个明显共性,即中国能否抓住历史机遇,因为这不仅关系国家发展的快慢,而且关系能否坚持社会主义方向,关系社会主义事业的兴衰成败、前途和命运。他一直强调,抓住机遇可以加快我国的发展,社会主义就可以立于不败之地;反之,丧失机遇,不仅会进一步拉大我国与其他国家的差距,社会主义也有被断送的危险。所以他在1992年的南方谈话中指出:"抓住时机,发展自己,关键是发展经济。现在,周边一些国家和地区经济发展比我们快,如果我们不发展或发展得太慢,老百姓一比较就有问题了。"② 反之,如果我们能抓住机遇,发展好自己,"人民一看,还是社会主义好,还是改革开放好,我们的事业就会万古长青!"③

正是由于对机遇重要性的这种高度认识,改革开放全面展开后,邓小平尤其强调"时间""时机""机遇"问题。

1984年,中共中央作出《关于经济体制改革的决定》,我国改革由农村转向城市,以城市为重点的整个经济体制改革全面铺开。此后,邓小平比较突出地提出了"抓住时机,推进改革"的思想。在1985年这一年,他较多地强调了"抓住时机"的问题,并指出:"我们要

---

① 《邓小平年谱》第4卷,中央文献出版社2020年版,第173、381页。
② 《邓小平文选》第3卷,人民出版社1993年版,第375页。
③ 《邓小平文选》第3卷,人民出版社1993年版,第381页。

十一、向邓小平学习科学决策

抓住时机,现在是改革的最好时机""我们要抓住当前的有利时机,坚定不移,大胆探索,同时注意及时发现问题和解决问题,力争在不太长的时间内把改革搞好。"①

邓小平第二次比较明确地谈及"抓住时机",是在1987年党的十三大以后。党的十三大之前,邓小平就已对"改革的步子要加快"有所考虑,认为改革的快慢已经成为议论的问题之一,因此希望能开好党的十三大,并抓住党的十三大这个机遇,加快改革的步伐。党的十三大以后,全党全国部署了新的改革推进战略。邓小平提出"理顺物价,加速改革",要求思想更解放一些,改革的步子更大一些。他还提出,在和平与发展成为新的时代特征的情况下,第三世界国家"要紧紧抓住经济建设这个中心,不要丧失时机"②。

邓小平第三次明确集中地讲"抓住时机",是20世纪90年代初期。此时,邓小平对抓住机遇的强调更加急迫。为此,他指出:"我们不抓住机会使经济上一个台阶,别人会跳得比我们快得多,我们就落在后面了。要研究一下,我总觉得有这么一个问题。机会难得呀!""要抓住机会,现在就是好机会。不抓呀,看到的机会就丢掉了,时间一晃就过去了。""不敢解放思想,不敢放开手脚,结果是丧失时机,犹如逆水行舟,不进则退。"③ 他还多次表示:"要抓住时机,把经济搞上去,步子可以快一点。我现在就怕丧失时机。""要珍惜这个好的发展机遇,保持好的发展势头。""希望你们不要丧失机遇。对中国来说,大发展的机遇并不多。中国与世界各国不同,有着自己独特

---

① 《邓小平文选》第3卷,人民出版社1993年版,第132、142页。
② 《邓小平文选》第3卷,人民出版社1993年版,第262、270页。
③ 《邓小平文选》第3卷,人民出版社1993年版,第369、375、377页。

的机遇,比如我们有几千万爱国同胞在海外,他们对祖国做出了很多贡献。""从现在开始到 2010 年是难得的机会,不要丧失了。""现在是机会啊,这个机会很难得呀!中国人这种机会有过多次,但是错过了一些,很可惜!你们要很好抓住。"①

邓小平提出的"抓住时机,发展自己"的"机遇论"思想和实践,内容极为丰富,突出反映了他独特的治国方法和卓越的领导艺术。

首先,邓小平深刻阐释了如何认识机遇。俗话说,机遇只青睐那些有准备的头脑,它需要人们发挥认识的能动作用,从各种复杂现象中去寻找和捕捉,而不可能明明白白地显露在每一个人面前。机遇有时以条件的有利性表现出来,有时却隐藏在种种不利情况甚至严重困难的背后,这就特别要求人们做到审时度势、宏观思考,对当前形势作出科学的辩证分析,从中发现和认识有利的发展时机。在关于如何认识机遇上,邓小平强调:"要用宏观战略的眼光分析问题。"② 他能够敏锐地把握时代发展的脉搏和契机,擅长从战略上、宏观上观察、分析和判断形势,以"面向现代化,面向世界,面向未来"的创造性思维方式,综合思考整个国际形势的变化和发展趋势,发现和捕捉我国深化改革、扩大开放和加快发展的机遇。

党的十一届三中全会前后,邓小平客观冷静地分析战后国际形势的重大变化,发现了我国改革和发展的机遇。在对国际政治、经济、军事形势进行全面透彻分析的基础上,他认为,尽管战争的危险依然存在,但和平力量的增长超过了战争力量的增长,争取较长时间的国

---

① 《邓小平年谱》第 5 卷,中央文献出版社 2020 年版,第 639、656、657、667 页。
② 《邓小平文选》第 3 卷,人民出版社 1993 年版,第 355 页。

际和平环境是可能的。因此,他改变了中国共产党关于战争与和平问题的根本性判断,提出了"和平与发展是当代世界的两大问题"的新论断。这就使人们认识到了中国的改革和发展正面临着国际和平环境的机遇。他强调说:"中国太穷,要发展自己,只有在和平的环境里才有可能。"①"现在国际形势看来会有个比较长时间的和平环境,即不爆发第三次世界大战的环境。""要紧紧抓住经济建设这个中心,不要丧失时机。"②

在有利条件下认识机遇并不难,难的是在严重困难面前引导人们看到有利时机,抓准可利用的矛盾,找到新的路子。在强调用宏观战略眼光分析问题时,邓小平异常敏感地认为,大转折孕育着大机遇,大机遇反过来又会促进大发展。20世纪80年代末至20世纪90年代初,国际形势发生了重大变化,苏联解体、东欧剧变,第二次世界大战以后所形成的旧的世界格局被打破重组。面对扑朔迷离的局势,邓小平冷静观察国际间各种矛盾的演化,从世界格局的变化趋势中分析矛盾,从不利因素中看到有利因素,揭示出了我国发展可以利用的机遇。他从容地指出:"对国际形势还要继续观察,有些问题不是一下子看得清楚,总之不能看成一片漆黑,不能认为形势恶化到多么严重的地步,不能把我们说成是处在多么不利的地位。实际上情况并不尽然。世界上矛盾多得很,大得很,一些深刻的矛盾刚刚暴露出来。我们可利用的矛盾存在着,对我们有利的条件存在着,机遇存在着,问题是要善于把握。"③能够如此战略性地看待问题、如此预见中国发展

---

① 《邓小平文选》第3卷,人民出版社1993年版,第82页。
② 《邓小平文选》第3卷,人民出版社1993年版,第270页。
③ 《邓小平文选》第3卷,人民出版社1993年版,第354页。

的机遇，邓小平可谓运用唯物辩证法的观点观察和分析问题、从挑战中发现和把握重要战略机遇的典范。

在分析把握整个国际形势的变化中，邓小平十分注意分析我国周边环境的变化，认为亚洲太平洋地区的崛起，对我国的经济发展也是难得的机遇。他指出，"现在世界上有人在讲'亚洲太平洋世纪'。亚洲有三十亿人口，中国大陆就占十一亿多。所谓'亚洲太平洋世纪'，没有中国的发展是形不成的""大陆已经有相当的基础。我们还有几千万爱国同胞在海外，他们希望中国兴旺发达，这在世界上是独一无二的。我们要利用机遇，把中国发展起来"。①

可以看出，邓小平善于从宏观上思考，审时度势，对不断变化的形势做到深刻了解、精辟分析、周密估量，从而揭示出了客观存在的机遇。毛泽东曾经讲过，古人所谓"运用之妙，存乎一心"，这个"妙"，我们叫灵活性，"是聪明的指挥员，基于客观情况，'审时度势'（这个势，包括敌势、我势、地势等项）而采取及时的和恰当的处理方法的一种才能"。②邓小平审时度势的才能以及方法和技巧，充分展现了"运用之妙，存乎一心"的领导艺术。

其次，邓小平深刻阐释了如何抓住机遇。发现机遇不等于已经把握了机遇、抓住了机遇。空谈只能误国，坐而论道只能丧失时机。只有及时决策，果断付诸实践，才能抓住机遇。抓住时机、迅速决断、及时决策、雷厉风行是邓小平领导决策的重要风格和方法。邓小平深知机遇稍纵即逝，只有抓住机遇，迅速作出决策，才能使社会历史发展中的机遇真正成为我国发展的有利条件。在他看来，凡是遇到时机，

---

① 《邓小平文选》第3卷，人民出版社1993年版，第358页。
② 《毛泽东选集》第2卷，人民出版社1991年版，第494页。

就不要丢，要干起来，干才能抓住时机。因此，他一贯主张要提高工作效率，工作要雷厉风行，要明确责任，做到奖罚分明、快作决策，不能慢慢腾腾、拖拖拉拉、议而不决、决而不行。正如他所强调的：机会要抓住，决策要及时。①

邓小平抓住时机、果断决策的思想集中体现在他对海南"洋浦风波"的批示上。1989年初，围绕海南省洋浦出让30平方千米土地给外商成片开发70年之事，国内外掀起了"洋浦风波"：一些人指责海南省的做法是"出卖主权"。在海南干部群众困惑为难、国内外舆论沸沸扬扬、外商望而却步之际，邓小平等中央领导同志明确支持洋浦开发。1989年4月28日，邓小平对洋浦开发问题作了批示："我最近了解情况后，认为海南省委的决策是正确的，机会难得，不宜拖延，但须向党外不同意者说清楚。手续要迅速周全。"②

再次，邓小平深刻阐释了如何用好机遇以发展自己。抓住机遇的实质或根本要求是加快发展。没有加快发展，就不能说抓住了机遇。邓小平提出的"机遇论"，与其加快发展的思想具有内在的统一性。

后发国家要赶超西方发达国家，"速度"是个不可回避的问题。由于中国的现代化成果最终要以世界发达国家为参照，要以人均国民生产总值来计算，在人口数量居世界之首的巨大压力下，要如期实现我国的战略目标，困难是可想而知的。因此，邓小平对我国的经济建设始终怀着一种紧迫感。他认为，只有抓住机遇，加快发展，隔几年上一个台阶，才能确保翻番任务的实现。在20世纪八九十年代，他利用不同场合和时机反复告诫全党：在整个社会主义历史时期，特别是

---

① 参见《邓小平文选》第3卷，人民出版社1993年版，第355页。
② 《邓小平年谱》第5卷，中央文献出版社2020年版，第569页。

在社会主义初级阶段，都要紧紧扭住经济建设这个中心不放，狠抓经济建设。

在邓小平的眼里，发展始终是第一位的问题。在认识稳定和发展的关系问题上，他认为，稳定是中国的大局，但稳定本身不是目的，它是改革开放得以顺利进行的必备条件，是促进发展的手段。为此，他鲜明地提出了"发展才是硬道理"这一著名诊断。他深刻指出，对于我们这样发展中的大国来说，经济要发展得快一点，不可能总是那么平平静静，稳稳当当。要注意经济稳定、协调地发展，但稳定和协调也是相对的，不是绝对的。发展才是硬道理。这个问题要搞清楚。如果分析不当，造成误解，就会变得谨小慎微，不敢解放思想，不敢放开手脚，结果是丧失时机，犹如逆水行舟，不进则退。①

1992年初，邓小平在看到全国的经济形势仍处于消极的稳定状态、尚未突出发展时，于是决定亲临南方视察，并发表了带动全局的南方谈话。在这一讲话中，邓小平把发展作为第一位的任务提了出来。他说："抓住时机，发展自己，关键是发展经济……能发展就不要阻挡，有条件的地方要尽可能搞快点，只要是讲效益，讲质量，搞外向型经济，就没有什么可以担心的。低速度就等于停步，甚至等于后退。要抓住机会，现在就是好机会。我就担心丧失机会。不抓呀，看到的机会就丢掉了，时间一晃就过去了。"② 邓小平始终认为，以发展为中心，以正在做的事情为中心，抓住机遇，发展自己，关键是发展经济，这是一个原则问题。如果忽视了这个中心环节，就会犯大错误，就会丧失发展机遇，现代化就会停滞。

---

① 参见《邓小平文选》第3卷，人民出版社1993年版，第377页。
② 《邓小平文选》第3卷，人民出版社1993年版，第375页。

十一、向邓小平学习科学决策

总之，在对机遇的把握方面，既要志存高远，有强烈的机遇意识，又要审时度势、辩证分析、科学预见，善于发现和捕捉机遇；既要及时决策、当机立断、雷厉风行，把握和抓住机遇，更要突出重点、脚踏实地，发展自己、用好机遇。这就是邓小平的智慧，也是他给予我们的启示。

十二
向邓小平学习调查研究

调查研究是谋事之基、成事之道,也是中国共产党的优良传统。要保证领导工作能够做到决策正确、执行有效,首先必须在重视和加强调查研究上花力气。邓小平一贯重视调查研究,并把它作为领导工作和领导者决策的前提条件及首要问题。他几十年如一日,长期身体力行深入基层、调查研究。哪怕是到了晚年,他仍不顾年事已高,尽可能到第一线去了解第一手材料,并尽可能多接触各个面,努力把调查与研究结合起来,在调查的基础上不断研究新情况新问题,为我们树立了调查研究的光辉典范。

深入群众　亲自调研

作为以毛泽东同志为核心的党的第一代中央领导集体的重要成员,邓小平一贯重视调查研究,并把调查研究看作贯彻党的思想路线和群众路线的必然要求。他曾指出:"能不能深入下去,工作能不能落实,关键在于领导干部是不是以身作则,深入部队,调查研究,从实际出

十二、向邓小平学习调查研究

发,分析问题,解决问题。"① 他强调,领导者既要亲自动手调查,又要深入群众和基层。

土地革命战争初期,邓小平以中共中央代表身份被派往广西领导武装斗争,并最终在左右江地区成功领导和发动百色起义、龙州起义,创建了左右江革命根据地。当时,在左右江这样一个少数民族聚居且相对封闭落后的农业区域开展工作并不是一件很容易的事。要了解某个重大问题,必须调查各个方面的情况,这是邓小平反复强调的一句话,也道出了他当年开展工作、处理问题的一个重要原则。

据曾在邓小平领导下战斗过的红七军老战士回忆,当时邓小平经常深入基层搞调查研究、体察农民疾苦。他经常身着壮族服饰奔走在壮乡的各个村落之中。据右江一带一些老人们回忆,凡是邓小平到过的地方,农民夜校办得特别火热,群众都认识他。

在深入群众进行调查的时候,邓小平总是入乡随俗,毫无架子,与最基层的群众交心。1930年3月底至4月初,他到向都县开展调查工作,住在该县农民赤卫军总指挥黄绍谦家里。黄绍谦为邓小平找来了一把精致的银制小烟壶,让他抽烟,而邓小平却笑着请大家抽自己随身带来的土丝烟。就这样,红军战士们便围拢过来,毫无拘束地与邓小平你一撮、他一捻地抽起烟来。在抽烟的过程中,战士们同邓小平交上了朋友,便聊起了家常和有关革命的事情。

邓小平善于接近少数民族群众,并通过和他们交朋友、拉家常来倾听他们的呼声和体察他们的情绪,进而了解他们的疾苦。1930年3月中下旬,为搞好思林县的土地革命,邓小平在真良村访贫问苦达半

---

① 《邓小平文选》第2卷,人民出版社1994年版,第124页。

个月之久。当他了解到思林县老百姓有"交老同"（指同龄人相结交）的习俗后，便风趣地对一些与自己同龄的壮族老乡说：咱们算是老同了，说老同嘛，就是同心干革命。在群众家里，邓小平看到他们挑水有困难，便跑到很远的山泉边去洗脸；没有房子，他就跟护送人员一起搭地铺，七八个人同挤在三床破旧的棉被里；夜里，他珍惜老乡的灯油，见油灯点着两根灯芯，就拔掉一根。对此，当地群众无不赞叹道：邓政委像我们壮家人一样。邓小平这种平易近人、和蔼可亲的态度，也就是毛泽东所提倡的进行社会调查所需要的眼睛向下、和群众做朋友的态度。事实上没有这种态度，往往难以了解到真实情况。

邓小平不仅本人善于做调查工作，而且善于部署并领导下属开展社会调查。以土地革命的调查活动为例：土地革命前，邓小平要求各个连队组织宣传队，深入到山区、农村、街道工人中去，了解群众的疾苦。他亲自创办的《右江日报》在1929年12月18日刊登了《宣传队下乡情形》等调查报告。土地革命初步开始后，邓小平部署乡苏维埃政府行政委员、土地委员、财政委员、文化委员、肃反委员、粮食委员、赤卫委员、青年委员、妇女委员等开展调查工作。仅土地委员就承担着调查全乡土地、调查确定地主豪绅及反革命者的土地、调查农民耕作所收获的谷物数量、总结改良耕作的方法等10项任务。土地革命全面铺开后，邓小平又指示区苏维埃政府立即开始与土地有关的调查工作。土地革命结束后，邓小平则强调要总结群众路线的工作经验，找出干部工作中存在的问题和不足，并及时予以纠正。在邓小平的带动和影响下，左右江地区涌现出了一批如韦拔群、雷经天、张云逸、李明瑞等善于联系群众、关心群众疾苦的优秀领导干部。

群众观点是马克思主义的基本观点。共产党员和各级领导干部如何对待群众，是一个根本的立场问题和世界观的问题。搞调查研究，只有牢固树立群众观点，坚持从群众中来、到群众中去的根本工作路线，才能听到群众的意见和呼声，才能真正了解到党的路线、方针、政策的贯彻执行情况及需要解决的问题，也才能在调查研究的基础上为群众排忧解难。

邓小平再三强调："群众是我们力量的源泉，群众路线和群众观点是我们的传家宝。党的组织、党员和党的干部，必须同群众打成一片，绝对不能同群众相对立。如果哪个党组织严重脱离群众而不能坚决改正，那就丧失了力量的源泉，就一定要失败，就会被人民抛弃。全党同志，各级干部，特别是领导干部，必须经常记住这一点，经常用这个标准检查自己的一切言行。"① 他要求，一定要努力帮助群众解决一切能够解决的困难。暂时无法解决的困难，要耐心恳切地向群众解释清楚。要坚决反对脱离群众的命令主义、官僚主义、尾巴主义现象和"衙门作风"，把群众路线和实事求是结合起来，把对党负责与对人民负责结合起来，把依靠群众与教育群众、引导群众结合起来。

没有调查，就没有发言权。在新民主主义革命时期，面对各种复杂局面，我们党之所以能够制定和实行正确的大政方针并作出正确的策略，靠的就是实事求是。以毛泽东、周恩来、邓小平等老一辈革命家为代表的中国共产党人，通过深入细致的调查研究，深切了解和掌握了中国国情，做到了从实际出发，从而把马克思主义基本原理同中国具体实际结合起来，成功开辟出一条具有中国特色的革命道路。

---

① 《邓小平文选》第 2 卷，人民出版社 1994 年版，第 368 页。

聚焦问题　求真务实

没有调查就没有发言权，在革命战争年代如此，在社会主义建设时期亦如此。

1956年，邓小平在中国共产党第八次全国代表大会上所作的《关于修改党的章程的报告》中明确提出："一个党和它的党员，只有认真地总结群众的经验，集中群众的智慧，才能指出正确的方向，领导群众前进。""离开群众经验和群众意见的调查研究，那末，任何天才的领导者也不可能进行正确的领导。"① 这两句话鲜明有力地表明了他对调查研究重要性的深刻认识。

进入社会主义建设时期，邓小平多次强调，"所谓群众路线，包括调查研究""要多做点工作，多搞点调查研究"②，要求领导工作人员有足够的时间深入群众，善于运用典型调查的方法，研究群众的情况、经验和意见，而不是把绝大部分时间用在坐办公室、处理文件、在领导机关内部开会上面。

对于实际工作中存在的不重视调查研究的作风，邓小平提出了严厉批评。他强调："不少领导机关和领导干部，高高在上，不接近群众，不重视调查研究，不了解工作中的真实情况。他们往往不是从客观的实际条件和人民群众的具体实践出发，来考虑和决定他们的工作，而是从不确切的情况出发，从想象和愿望出发，主观主义地来考虑和决定他们的工作。因此，他们作出的决议、指示虽然很多，但有的不

---

① 《邓小平文选》第1卷，人民出版社1994年版，第218—219页。
② 《邓小平文选》第1卷，人民出版社1994年版，第290页。

十二、向邓小平学习调查研究

完全正确,有的甚至完全错误。"他还一针见血地指出:"不少机关的负责同志,把自己的绝大部分时间,用在处理文电和不必要的过多的开会上面,很少深入基层,深入群众,了解他们的要求和研究他们的经验,这就不可避免地陷入了事务主义和文牍主义的泥坑。"①邓小平语重心长地告诫各级领导干部:我们办事情,做工作,必须深入调查研究,联系本单位的实际解决问题。有了经常的细致的工作,了解问题就可以比较深入,这对调查研究也有帮助。

邓小平是这样说的,也是这样做的。他以实际行动为全党树立了调查研究的典范,并在长期的领导工作实践中形成了自己独特的调研特色。这种特色,可以简单概括为两个词:求真、务实。

邓小平曾襟怀坦白地说过,"我是实事求是派""我读的书并不多,就是一条,相信毛主席讲的实事求是"。②翻开《邓小平文选》,常常可以看到"拿事实来说话""拿事实来回答"这样的字句。具体到调查研究上,如何了解真实情况就显得极为重要。在这个问题上,邓小平历来主张用实事求是的态度来开展调查研究,既不唯上级文件的本本,也不唯基层干部的汇报,只唯躬身实际调查。因此,他极为反对弄虚作假和带着事先定的调子下去调研,认为那种走马观花、流于表面的调研是发现不了真正问题的,那样做不是一种对党和人民的事业认真负责的态度。

1961年,毛泽东在党的八届九中全会及此前召开的中央工作会议上发表讲话,号召全党大兴调查研究之风。同年4月,根据毛泽东的指示,邓小平和彭真到北京顺义县(今北京市顺义区)农村进行调查

---

① 《邓小平文选》第1卷,人民出版社1994年版,第221—222页。
② 《邓小平文选》第3卷,人民出版社1993年版,第209、382页。

研究。本着对党的事业高度负责的精神，围绕当时调整农村政策中急需解决的问题，如基本核算单位的确定、社员工分口粮的分配、三七开供给制的实行、公共食堂的去留以及农村手工业、家庭副业的开展等问题，邓小平深入群众、听取各方面的意见，除召开座谈会外，还进行了实地调查，通过入户访问、明察暗访，直接听取群众意见。

刚到顺义时，出于反右派斗争扩大化、反"右倾"斗争造成严重后果的教训，大部分干部思想上有所顾虑，不敢讲真心话。在谈到粮食减产的原因时，一些人把"劳力外调多"归结为首要原因。为了鼓励讲真话、讲实话，邓小平便追问：1959年、1960年劳力外调比1958年少，为什么粮食反倒连续减产呢？看来减产的主要原因不是劳力问题，是政策的问题，是瞎指挥、"一平二调"搞得群众没劲头了，有了劲头地就会种好。邓小平不仅带头讲真话，还直接点出政策出了问题，认为调动群众的积极性才是解决当时农村问题的关键。通过调查研究，他充分肯定了当时尚有争议的"三包"（包工、包产、包成本）、"一奖惩"（超额有奖，减产受罚）、"四固定"（土地、劳力、耕畜、农具固定到生产队使用）的责任制，并指出："一定要实行定额包工、多劳多得、按工分奖励粮食等办法，提高社员劳动的积极性"①。

调研刚开始时，不仅干部们谈起停办公共食堂有所顾虑，就连邓小平本人在这个问题上也拿不准。然而，随着调研的深入，当他了解到食堂占的劳动力多，消耗燃料、加工粮食又有损耗，还给社员生活带来了许多不便时，便在座谈会上明确表态：吃食堂是社会主义，不

---

① 参见中共中央文献研究室编：《邓小平传（1904—1974）》（下），中央文献出版社2014年版，第1176页。

吃食堂也是社会主义，要根据群众的意愿，决定食堂的去留。在1961年5月4日听取情况汇报后，他又表示，吃不吃食堂都完全根据自愿；吃不吃食堂都好、都光荣；吃不吃食堂都给予便利。5月18日，北京市委按照邓小平和彭真的指示，以市委的名义给农村党员发了一封信，信中说明了吃不吃公共食堂要坚持完全自愿的原则，要求各生产队将此信向所有社员逐字逐句地宣读，由社员自己解决食堂问题。这个政策一经公布，农村公共食堂便在自愿的原则下全部散伙，群众皆大欢喜。

邓小平是一个务实的人，他不喜欢华而不实的空架子，说话办事干净利落。在他看来，调查研究只是前期的工作，基于调研的情况制定和实施重要的决策才是真正目的所在。针对调研中发现的问题，邓小平总是敢字当头，敢于担当、及时解决，为人民快办实事、办好实事。

在1961年的京郊顺义调研中，当他看到芦正卷村沙地多、全村吃水仅靠一口井时，便在随后召开的县委汇报会上提出由县政府和公社拿出一部分钱帮助村里打两眼机井，修上水渠。这样，既可以解决吃水问题，还可以发展水浇地，开辟几十亩果园。事后，县委将邓小平的意见加以实施，使该村的旧貌迅速得以改变。

5月10日，邓小平从顺义调研回来的当天便和彭真一起给毛泽东写了一封信，就调整社队规模、粮食征购和余粮分配、公共食堂、家庭副业等7个方面的问题作出报告，并提出了改进意见。不久，调查组又以北京市委的名义向中央及华北局写了6个专题报告，这些报告还随附有基层单位的典型材料19件。邓小平的信和报告，综合了在京郊农村通过调研了解到的实际情况，并明确提出了自己的意见，使许多制约农业发展的问题很快得到了解决。

比如,他建议缩小社队的规模。邓小平刚到顺义时,农村基本核算单位被定在大队,每个大队平均有540多户,最大的有2559户。由于经营规模过大,社员对基本核算单位内部运行情况不清楚,因此意见很大。对此,邓小平提出,是不是可以肯定这样一条,核算单位划小,相互熟悉,矛盾好解决,产量就上去了。基本是一村一个,小村可以合并。北京市召开市委常委会,讨论同意了这个建议,再经彭真与邓小平同意后,立即向各县(区)委部署,对基本核算单位、包产单位作了调整。经过调整,基本核算单位由1156个调整为3313个,平均每个单位183户,每个包产小组55户。这样就基本适合了当时当地的生产力发展水平,充分反映了群众愿望,既有利于组织农业生产,又有利于经营管理,更调动了广大群众的生产积极性。

由于邓小平在顺义调查时问题抓得准、分析问题客观深入,因此受到了毛泽东的重视。毛泽东1961年5月13日就邓小平和彭真的来信作出了批示:"此信发给各中央局,各省、市、区党委,供参考"。[①]可以说,邓小平的顺义调研,对中央农村政策的调整起到了积极的推动作用。1961年5月21日召开的中央工作会议修改制定了《农村人民公社工作条例》。这一文件吸收了各地的调研成果,纠正了一些明显的错误,受到了基层干部和农民群众的欢迎。

1962年2月6日,在扩大的中央工作会议的讲话中,邓小平指出:"这几年来,我们不大注意调查研究,因而所提的一些任务往往不是实事求是的,所提的一些口号,也有许多不是切合实际的。指标

[①] 《毛泽东年谱(1949—1976)》第4卷,中央文献出版社2013年版,第585页。

过高，要求过急，还有一些不适当的'大办'，这就使得我们的许多好传统受到了冲击。而许多好的传统的削弱，又反过来加重了工作中的缺点和错误。"① 他强调，作为执政党的党员和领导干部，进了城以后，不能做官，而要当人民的勤务员，要更加注意坚持党的优良传统，坚持调查研究、实事求是、联系群众、健全党的生活。

由此可见，邓小平把领导干部以身作则深入实际进行调查研究看作防止官僚化、密切联系群众、巩固党的执政地位的迫切需要，并将其看成了党的事业的迫切需要。他反复强调，我们做任何工作都是为了解决问题，"我们说的做的究竟能不能解决问题，问题解决得是不是正确，关键在于我们是否能够理论联系实际，是否善于总结经验，针对客观现实，采取实事求是的态度，一切从实际出发"②。他要求各级领导干部要深入群众、深入基层，要了解真实情况，掌握第一手材料，"不能听到风就是雨"③。

1975年，邓小平于危难之际受命主持国务院工作。当时，全国钢铁生产情况很不乐观，包头、武汉、鞍山、太原等钢铁公司欠产严重。通过深入调查研究，邓小平在5月21日国务院办公会议上指出：

> 对钢铁生产，我看到了解决问题的时候了，解决的条件也成熟了。各个行业都要支持。现在的问题是，你们敢不敢接受中央的支持，敢不敢按中央这次批示的要求去办。不管是哪一级的领导，不能总是怕这怕那。现在，干部中的一个

---

① 《邓小平文选》第1卷，人民出版社1994年版，第302页。
② 《邓小平文选》第2卷，人民出版社1994年版，第113—114页。
③ 《邓小平文选》第2卷，人民出版社1994年版，第37页。

主要问题,就是怕字当头,不敢摸老虎屁股。我们一定支持你们,也允许你们犯错误。要找那些敢于坚持党的原则、有不怕被打倒的精神、敢于负责、敢于斗争的人进领导班子。

他诙谐地说:"我是维吾尔族姑娘,辫子多,一抓一大把。要敢字当头。"①

那一年,邓小平不顾个人荣辱,冒着再次被打倒的风险,力挽狂澜,大刀阔斧地整顿"文化大革命"以来所造成的严重混乱局面。他果断提出并雷厉风行地在全国各个领域进行了以系统纠正"文化大革命"以来"左"的错误路线、恢复国民经济、实现社会稳定为主要内容的全面整顿。全面整顿的业绩和他在整顿中所表现出的铮铮风骨,赢得了党心、军心、民心,实际上拉开了中国改革的序幕。

恢复高等学校招生考试制度,是邓小平在充分调查研究基础上作出的一项功在当代、利在千秋的决策。到 1976 年,高考制度已经整整废除 10 年,国家出现了严重的人才断档,广大群众对依旧实行推荐选拔的大学招生制度非常不满,"人民来信"如雪片般飞向教育部。一些老同志也给邓小平写信,认为恢复高考制度迫在眉睫。当时,教育部虽然已意识到了问题的严重性,但因为"两个凡是"的思想禁锢尚未被冲破,单凭教育部门是难以改革大学招生制度和恢复高考制度的。

邓小平刚刚复出不久,1977 年 8 月 4 日至 8 日,他就在科学和教育工作座谈会上认真听取了与会代表反映的对教育科技现状的忧虑和意见。1977 年 8 月 8 日,当清华大学党委负责同志谈到清华大学教学

---

① 《邓小平思想年谱(1975—1997)》,中央文献出版社 1998 年版,第 8 页。

质量很差，许多人只有小学水平，入学后还得补习中学课程时，邓小平尖锐地指出，那就应该称作"清华小学""清华中学"。随后，中国科学院系统和武汉大学等高校的一批老教授、老专家情绪激动地希望国务院下决心改革高校招生制度。邓小平插话问道：今年是不是来不及改了？大家回答，今年改还来得及，最多晚一点。邓小平当即决定，"既然大家要求，那就改过来。"他明确地表示："今年就要下决心恢复从高中毕业生中直接招考学生，不要再搞群众推荐。从高中直接招生，我看可能是早出人才、早出成果的一个好办法。"① 邓小平的讲话赢得了在场教育家和科学家们长时间的热烈掌声。

座谈会结束后，教育部根据邓小平的指示，立即于8月13日在北京召开了第二次全国高等学校招生工作会议。一年之中召开两次高校招生工作会议，这在当时的教育界是前所未有的，而且，会议时间跨度之长也是创纪录的。由于当时党的十一大未能纠正"文化大革命"的错误思想方针路线，因此对刚刚起步的教育拨乱反正产生了不利的影响，这也导致了高考招生制度改革一度陷入徘徊状态。这时，邓小平及时站了出来，为教育工作指明了方向。9月19日，他在同教育部负责同志谈话时深刻地阐述了立即恢复高考制度的原因以及招生的政策和标准问题。他指出："为什么要直接招生呢？道理很简单，就是不能中断学习的连续性。十八岁到二十岁正是学习的最好时期。"② 为此，他要求教育部门大胆解放思想。这次谈话，给了参加招生工作会议的同志极大鼓舞，许多人连夜打电话、发电报和写信，把邓小平的讲话精神传遍了祖国各地。就在这次谈话后，历时38天的1977年第

---

① 《邓小平文选》第2卷，人民出版社1994年版，第55页。
② 《邓小平文选》第2卷，人民出版社1994年版，第67—68页。

二次高校招生会议顺利结束，恢复高考已成定局。

随后，邓小平对教育部起草的招生文件亲自进行了修改和审定。他认为，文件中的政审条件太烦琐，于是，他指出："政审，主要看本人的政治表现。政治历史清楚，热爱社会主义，热爱劳动，遵守纪律，决心为革命学习，有这几条，就可以了。总之，招生主要抓两条：第一是本人表现好，第二是择优录取。"[①] 10月5日，中央政治局会议讨论通过了有关招生工作的文件。10月12日，国务院批转了教育部根据邓小平的指示精神制定的《关于1977年高等学校招生工作的意见》和《关于高等学校招收研究生的意见》两个文件，并宣布于当年立即恢复高考。

1977年冬天，关闭10年之久的高考大门终于重新打开，570多万名求学若渴的有志青年走进了高考考场。当年，全国高等学校录取新生27万人，创造了新中国高考史上的奇迹。恢复高等学校招生考试制度不仅改变了一代知识青年的命运，而且为中国改革开放和现代化建设培养了一批承前启后、继往开来的高素质人才。

研究新情况　解决新问题

在改革开放和社会主义现代化建设新的历史时期，要不要坚持调查研究？要不要把马克思列宁主义、毛泽东思想的基本原理同实际紧密结合起来，按照新的情况决定我们的工作方针？对于这一系列问题，邓小平的回答是肯定的。在新的历史条件下，他不仅继承了毛泽东倡

---

① 《邓小平文选》第2卷，人民出版社1994年版，第69页。

十二、向邓小平学习调查研究

导的调查研究的思想和方法，而且直面实际、注重实践，把调查研究作为将中国特色社会主义理论与改革开放实践联系起来的科学桥梁，不断发现新情况、研究新矛盾、解决新问题，形成了自己独具一格的风格和特点。

邓小平认为，进行调查研究必须将解放思想、实事求是作为指导思想，运用马列主义、毛泽东思想的立场、观点和方法来研究新情况、解决新问题。他强调："毛泽东同志从参加共产主义运动、缔造我们党的最初年代开始，就一直提倡和实行对于社会客观情况的调查研究，就一直同理论脱离实际、一切只从主观愿望出发、一切只从本本和上级指示出发而不联系具体实际的错误倾向作坚决的斗争。"① 他认为，实事求是，一切从实际出发，理论和实践相结合，这是毛泽东思想的根本观点。这种观点没有过时，也不会过时。如果反对实事求是，反对从实际出发，反对理论和实践相结合，就谈不上马列主义、毛泽东思想，"那只能引导到唯心主义和形而上学，只能引导到工作的损失和革命的失败"。②

进行改革开放和现代化建设是前无古人的事情。邓小平指出，"我们现在所干的事业是一项新事业，马克思没有讲过，我们的前人没有做过，其他社会主义国家也没有干过，所以，没有现成的经验可学。我们只能在干中学，在实践中摸索"③。这就是说，要在马克思主义指导下打破习惯势力和主观偏见的束缚，研究新情况、解决新问题。如果不去分析和研究解决新的历史条件下存在的问题，我们就不能够

---

① 《邓小平文选》第2卷，人民出版社1994年版，第114—115页。
② 《邓小平文选》第2卷，人民出版社1994年版，第118页。
③ 《邓小平文选》第3卷，人民出版社1993年版，第258—259页。

恢复和发扬党的优良传统,就会脱离实际,搞形而上学,这就是违反辩证法。那么,什么是今天最重要的新情况、最重要的新问题呢?邓小平明确指出:"当然就是实现四个现代化,或者像我在前面说的,实现中国式的现代化。"① 这就告诉我们,搞调查研究,必须抓住中国特色社会主义这一主题,研究改革开放和现代化建设中的新情况、新问题,并且根据调查研究,针对各个地方的不同实际提出解决的意见和办法,从而制定出切实可行的方针和政策。

邓小平始终把调查研究的着眼点放在研究新情况、解决新问题上。所谓新情况、新问题,其实就是事物矛盾的新的表现。因此,调查研究的要旨就是发现矛盾、揭露矛盾。事物矛盾的普遍性和联系性,客观上要求我们对事物矛盾认识必须具备全面性。邓小平之所以能够以总设计师的战略眼光高屋建瓴、驾驭全局,全面而系统地认识新情况、新问题,首先就在于他对民情、国情、世情有着全面性的调查研究。他提出了调查研究的任务——"必须下定决心,急起直追,一定要深入专业,深入实际,调查研究"②;他强调了调查研究的原则——"不能只在眼前的事务里面打圈子,要用宏观战略的眼光分析问题,拿出具体措施"③;他指明了调查研究的好处——"知己知彼,力戒空谈"④;他揭示了调查研究的意义——"做到心中有数",使"具体规划能够落到实处"⑤。无论是调研的任务、原则、好处、意义,邓小平所谈到的"深入实际""宏观战略""知己知彼""心中有数"都集中

---

① 《邓小平文选》第 2 卷,人民出版社 1994 年版,第 179 页。
② 《邓小平文选》第 2 卷,人民出版社 1994 年版,第 355 页。
③ 《邓小平文选》第 3 卷,人民出版社 1993 年版,第 355 页。
④ 《邓小平文选》第 2 卷,人民出版社 1994 年版,第 355 页。
⑤ 《邓小平文选》第 3 卷,人民出版社 1993 年版,第 24 页。

十二、向邓小平学习调查研究

体现了一个鲜明思想，那就是调查必须具有全面性。

在全面调查研究的基础上"解剖麻雀"，进行典型调查，这也是我们党一贯倡导的调查研究的基本功。这种调查研究方法是在对所要了解的社会现象和问题有了总体的初步的认识之后，从中选取具有代表性的典型，进行全面、系统、周密的调查，把握大量的第一手材料，了解调查对象的特性，分析其外部联系和内在关系，进而找出一般规律，用以指导实践。这种方法符合人们认识事物从个别到一般，再由一般到个别的规律。因此，邓小平非常注重运用这种调查研究的方法。他说："必须有系统地改善各级领导机关的工作方法，使领导工作人员有足够的时间深入群众，善于运用典型调查的方法，研究群众的情况、经验和意见。"①

进行典型调查，要概括群众的经验，并有针对性地提出方针政策。调查研究不是目的，调查研究的目的是提出解决问题的对策。经验是群众创造的，典型在群众中。"离开群众经验和群众意见的调查研究，那末，任何天才的领导者也不可能进行正确的领导。"② 所以，邓小平非常强调领导者要深入到改革开放和经济建设的第一线，在实践中发现典型，总结基层和群众创造的好的东西，然后，"把它拿来加工提高作为全国的指导。"③ 他列举了农村实行家庭联产承包责任制的成功经验及其带来的巨大变化，以说明群众中蕴藏着极大的积极性和创造性，并说明了中央制定的搞活政策是对头的。他指出，农村实行承包责任制后，剩下的劳动力怎么办？我们原来没有想到很好的出路。10

---

① 《邓小平文选》第 1 卷，人民出版社 1994 年版，第 223 页。
② 《邓小平文选》第 1 卷，人民出版社 1994 年版，第 219 页。
③ 《邓小平文选》第 3 卷，人民出版社 1993 年版，第 382 页。

年的经验证明：只要调动基层和农民的积极性，发展多种经营，发展新型的乡镇企业，这个问题就能解决。"如果说在这个问题上中央有点功绩的话，就是中央制定的搞活政策是对头的。这个政策取得了这样好的效果，使我们知道我们做了一件非常好的事情。"①

进行典型调查，要在总结经验的基础上大胆试验，然后加以推广。创办经济特区，是党的十一届三中全会以后中国实行对外开放的一项重要举措，也是邓小平深入实际调研、当机立断决策的生动体现。1977年11月，第三次复出后的邓小平第一次外出调查，首站就选择了广东。此时的深圳还叫宝安县，是一个全部人口只有30万的古旧的边陲小城，而与之隔河相望的香港，被世界称作"东方明珠"，是亚洲"四小龙"之一。40多年前，如果在高空俯视深圳河的两岸，会发现一幕这样的景象：一边是高楼大厦，鳞次栉比；一边却是低矮的平房，衰败破旧，显然是两个不同的世界。当时，与香港仅一河之隔的深圳农民人均收入只有134元人民币，而河对岸的香港新界农民同期收入为13000元港币，这种差距完全可以用"天壤之别"来形容。所谓"水往低处流，人往高处走"，彼时，粤港边界上的偷渡逃港事件持续不断。

调研过程中，邓小平听取了关于逃港问题严重性的汇报后，立即插话说："这是我们的政策有问题。"他说："此事不是部队能够管得了的。"② 最后，他又总结道："看来最大的问题是政策问题。政策对不对头，是个关键。这也是个全国性的问题。过去行之有效

---

① 《邓小平文选》第3卷，人民出版社1993年版，第238页。
② 一丁、徐有张：《邓小平在一个边陲小镇留下两个谜》，《人民日报海外版》2000年10月14日。

十二、向邓小平学习调查研究

的办法，可以恢复的就恢复，不要等中央。"① 此后，在邓小平的决策和指导下，我国创办了深圳、珠海、汕头、厦门等经济特区，逐渐形成了全方位、多层次、宽领域的对外开放格局，有力地推进了现代化建设的进程。

心中有"数" 摸透实情

要对重大改革问题进行调查研究，需要尽可能多地倾听来自基层和一线的声音，尽可能多地接触第一手材料，做到对重要情况心中有数。在调查研究工作中邓小平求真务实的领导作风和工作方法所体现出的一个鲜明特点在于"问数字""爱算账"。他到各地开展调查研究，常常先通过算账来摸清建设进展、发现存在问题、纠正工作失误，再通过算账为重要决策的制定与实施提供具体依据。

1958年2月2日，邓小平到四川省隆昌县郊新生高级社开展调查研究。他刚一到达，楼丰乡党总支书记未全树、新生高级社社长叶邦友便掏出笔记本准备按事先拟好的提纲进行汇报。邓小平见状摆了摆手说，不必了，还是我问到哪里，你们就讲到哪里吧。他首先了解了全乡有多少党员、多少团员，有多少个党支部、多少个团支部，有多少贫农、多少中农，接着又问全乡的粮食亩产量有多少斤、社员一年能分多少斤粮食。当听到一个社员平均能分得600多斤粮时，邓小平表示：少了，一般来说要八九百斤，包括牲畜粮要千把斤才够。他还强调，要把现有水田产量提高一点，小春多增加一点面积，让社员多

---

① 《邓小平年谱》第4卷，中央文献出版社2020年版，第238—239页。

分一点粮食。在这次调查中,邓小平发现,一些地方有虚报数字的现象。2月17日,他在中央书记处会议上说,有的千斤县,实际亩产只有700斤。之后,他又请当时任中央书记处书记的谭震林研究一下,防止虚假的统计。

邓小平"爱算账",不是就数字论数字,而是将数字作为从政治大局和长远目标来考虑问题的依据。表面上看他是在算细账,实际上,他是从具体的数字来看全局、算大账。他算的账里面有战略,数的数字里面有政治。

改革开放以后,在研究和确定中国社会主义现代化建设的战略目标时,邓小平尤其注意从算细账方面来看大局、定大局。调查研究和作出决策需要靠详细的数字来说话,但对于如何看数字、如何运用数字,还存在着一个立场、方法和作风的问题。领导同志下基层调查和听取汇报时,经常会接触一些与实际情况不太相符的数字。因此,如何深入地了解到真实情况,掌握准确可靠的数字就显得极为重要。在数字问题上,邓小平极为反对弄虚作假,所以他在调查中经常是自己亲自算账。

改革开放初期,邓小平特别提醒各地的领导干部要改变作风,站在彻底的唯物主义立场上来对待数字。1979年10月,他在各省、市、自治区党委第一书记座谈会上讲到经济工作时专门强调说:"'文化大革命'中公布的数字就有虚假,有重复计算的问题,有产品不对路、质量很差的问题。知道这一点对我们今天考虑问题有好处。"为此,他严肃地提出:"以后要求的速度、数字是扎扎实实的,没有水分的,产品要讲质量的,真正能体现我们生产的发展。如果做到这一点,其他的作风也都会变,管理水平、技术水平也会提高,实际得到的利益

十二、向邓小平学习调查研究

多得多。"①

1982年9月,党的十二大提出了到2000年实现全国工农业总产值在1980年的基础上翻两番,使人民生活达到小康水平的宏伟目标。从此,"翻两番、奔小康"成为全党和全国人民议论的热点,中国老百姓在体会自己的生活时也有了一个具体的、朴实的说法。然而,此时的邓小平更关心的是小康目标究竟是否切合中国实际、到底能否如期实现以及翻两番的目标到底靠不靠得住的问题。"翻两番"的目标实现后,社会又将是什么样子?带着这样的思考,1983年2月,邓小平离开北京,踏上了南下的列车,到经济发展较快的苏浙沪地区进行调研,以获取第一手资料。

1983年2月9日,邓小平从苏州来到了杭州。一见到前来迎接的时任浙江省委负责同志,他便开宗明义地表示说,我这次在苏州,与江苏同志主要谈到2000年是不是可以翻两番,达到小康水平的问题。现在苏州工农业总产值人均已接近800美元。苏州同志谈,他们共解决了六个方面的问题。江苏从1977年至1983年的六年间,工农业总产值翻了一番,依这样的发展,到1988年就可以再翻一番!我问江苏同志,你们的路子是怎样走的?他们说,主要是两条,一条是依靠上海的技术力量,还有一条是发展了集体所有制,也就是中小企业、乡镇企业。当听到时任浙江省委书记铁瑛说浙江到2000年能翻两番半或三番时,邓小平问道:你们看,翻两番是不是靠得住?现在是多少?到2000年是多少?对于邓小平提出的一系列问题,铁瑛一一作了回答。当时任浙江省省长李丰平谈到1982年浙江人均收入名列全

---

① 《邓小平文选》第2卷,人民出版社1994年版,第197页。

国第七位时，邓小平表示，北京、上海、天津三个市可以除外，你们是第四位。辽宁、黑龙江的重工业产值高，人民生活水平不如江浙。生活好了，人就不愿往外走。江苏、浙江，还有山东，这两年也上得快，鲁西北这两年生活也好了，人也不往外走了。苏州现在已到了或者接近每人800美元的水平。他们已经解决了知识青年的就业问题。

1983年3月2日，邓小平回到北京后，约请几位中央负责同志谈话。在谈话中，他说："这次，我经江苏到浙江，再从浙江到上海，一路上看到情况很好""到本世纪末实现翻两番，要有全盘的更具体的规划，各个省、自治区、直辖市也都要有自己的具体规划，做到心中有数。"①

1984年春节前后，在我国经济特区建设备受关注同时也饱受争议之时，80岁高龄的邓小平踏上了对特区的考察之路。1984年1月24日，邓小平来到深圳，听取了时任深圳市委书记、市长梁湘所汇报的工作内容。当听到深圳经济特区的工业产值1982年达到3.6亿元、1983年达到7.2亿元时，邓小平问道："那就是一年翻一番喽？"显然，他对这个递增的速度非常满意。1月25日上午，邓小平考察了深圳河畔一个渔民村。当他来到老支书吴伯森家做客时，又一一询问了吴伯森家里几口人的收入有多少。吴伯森告诉他，这个村家家是万元户，自己家人均月收入四五百元。邓小平听罢高兴地对随行人员说："比我的工资还高啊！"走出渔民村口时，梁湘问道："像渔民村这样的生产和生活水平，全国人民做到要多少年？"邓小平说："大约需要

---

① 《邓小平文选》第3卷，人民出版社1993年版，第24页。

100年。"梁湘表示:"不要那么长吧?"邓小平回答他说:"至少也要70年,到本世纪末,再加50年。"①

后来,当人们听到了邓小平在北京宣布要在21世纪中叶使中国人民的生活达到中等发达国家的水平这一预期目标。这就是"三步走"发展战略中的第三步,正好与他在渔民村调研时计算的结果相吻合。实际上,从"中国式的现代化"到"小康社会",从"翻两番"到"三步走",这些后来中国人民耳熟能详的字眼,都是邓小平在心里掰着手指算出一笔笔细账后,为中国特色社会主义现代化精心绘制出的宏伟蓝图。

邓小平历来反对轻率地"拍脑袋"和凭想象作决策。问数字、算细账是他在作决策和决断之前进行深入调查的重要方法。他认为,通过深入实际调查,并在调查中问明数字、算清细账,能够从中发现问题并找出解决问题的办法。

1991年初,邓小平在上海调查改革开放的情况。在这次调查期间,他通过数据和速度的分析比较,发现当初确定经济特区时没有将上海划进去,以致错过了上海发展的最佳时机。为此,他诚恳地对上海的同志讲:"那一年确定四个经济特区,主要是从地理条件考虑的。深圳毗邻香港,珠海靠近澳门,汕头是因为东南亚国家潮州人多,厦门是因为闽南人在外国经商的很多,但是没有考虑到上海在人才方面的优势。上海人聪明,素质好,如果当时就确定在上海也设经济特区,现在就不是这个样了。十四个沿海开放城市有上海,但那是一般化的。浦东如果像深圳经济特区那样,早几年开发就好了。开发浦东,这个

---

① 钟文:《百年小平》(下),中央文献出版社2004年版,第659、663页。

影响就大了，不只是浦东的问题，是关系上海发展的问题，是利用上海这个基地发展长江三角洲和长江流域的问题。"因此，他提出，"抓紧浦东开发，不要动摇，一直到建成。"① 他还强调，坚持改革开放，"要用事实来证明"。

在邓小平的亲自推动下，党中央全面研判国际国内大势，统筹把握改革发展大局，作出了开发开放上海浦东的重大决策。如今，经过30多年的发展，浦东取得了举世瞩目的成就，以全国 1/8000 的面积创造了全国 1/80 的国内生产总值、1/15 的货物进出口总额。同时，浦东还诞生了第一个金融贸易区、第一个保税区、第一个自由贸易试验区及临港新片区、第一家外商独资贸易公司等一系列"全国第一"。浦东开发开放所取得的显著成就，为中国特色社会主义制度优势提供了最鲜活的现实明证，也为改革开放和社会主义现代化建设提供了最生动的实践写照。

调查研究不仅是邓小平最重要的工作方法之一，甚至已成为他的工作习惯。追寻邓小平调查研究的足迹，不难发现，他到过土地贫瘠的穷乡僻壤，也到过经济腾飞的繁华都市；他既会同中央和省市领导亲切交谈，又能与工人、农民促膝而谈；他曾到军营看望过身经百战的将帅功勋，也曾到学校参观过娃娃们的计算机操作；他深情于建树卓著的科学家们的报国之志，又惦念着老少边区人民百姓的贫寒之苦。他心系亿万人民，情怀神州大地，致力于对中国国情的全面调查，致力于对中国社会主义现代化建设实际的系统认识，致力于对人民呼声的如实把握。在形式多样的调查中，他既熟谙中国的千头万绪，又洞

---

① 《邓小平文选》第 3 卷，人民出版社 1993 年版，第 366 页。

十二、向邓小平学习调查研究

悉世界的风云变幻；他既侧重于对事物发展大局的驾驭，又擅长于对关键性个别事物的把握。国情的方方面面和民心的上上下下在邓小平眼中成为了一个有机的整体，并将其深藏于胸中。正是这些调查研究，使得邓小平能够全面地认识新情况，用宏观战略的眼光分析新问题，在对中国特色社会主义建设的全面运筹中做到了"心中有数"，既立足中国大地又面向世界，既正视现实又放眼未来。正是通过这些调查研究，才有了他对中国经济、政治、文化、教育、科技、军事、外交等领域一幅幅蓝图全面而科学的擘画，才有了中国改革开放举世瞩目的崭新局面和巨大成就。

十二
向邓小平学习优良家风

邓小平在政治上是个伟人，他为党和人民的事业殚精竭虑、鞠躬尽瘁。同时，他又是一个热爱生活、热爱家庭的人，他曾深有感触地说："家庭是个好东西。"① 繁忙的工作之余，他十分重视家风建设，注重家庭和睦和幸福。习近平总书记对邓小平的家风作了高度评价，指出："邓小平同志一贯反对特权、反对腐败，对亲属和身边工作人员总是严格要求。"② 邓小平的优良家风，是中国共产党人优良家风的典范。

夫妻情深　相濡以沫

邓小平非常注重处理家庭中的各种关系。早在20世纪60年代，他在一次接见参加全国省、市、自治区妇联主任会议全体同志时就说过："家庭和睦也是经常要做的工作。要处理好的，一是夫妻关系，

---

① 《邓小平年谱》第5卷，中央文献出版社2020年版，第636页。
② 习近平：《在纪念邓小平同志诞辰110周年座谈会上的讲话》，《人民日报》2014年8月21日。

二是婆媳关系,三是妯娌关系,四是父母子女关系等等。"① 在邓小平看来,家庭关系中,夫妻关系是基础。好的夫妻关系需要双方共同经营,既需要投入感情,又需要双方共同努力、互相磨合理解以及互相信任支持。只有这样,才能拥有和谐的夫妻关系,也才能构筑起一个健康和睦的家庭环境。邓小平与夫人卓琳就是这种健康与和睦家庭关系的典范。从1939年到1997年,他们一起相伴走过了半个多世纪。在58个风云多变的春秋中,邓小平和卓琳始终互相陪伴、患难与共。他们经历了炮火的洗礼,饱尝境遇沉浮,但始终同甘苦、共患难,始终陪伴在彼此身边。

众所周知,邓小平是个颇为内向的人。多年的革命生涯积淀了他成熟内敛、寡言少语的性格。相反,卓琳则性格开朗,爱说爱笑。为了协调这种性格上的差异,卓琳在婚后不久就向邓小平提出了要求:我有什么话对你说,你要耐心地听下去,不对的可以批评,但不能不让我说。邓小平同意了妻子的建议,并一一照做。正是这种相互包容和理解,奠定了邓小平和卓琳在组建家庭后幸福美满的基调。

在戎马倥偬的战争岁月里,邓小平与卓琳这对革命夫妻总是聚少离多。从太行山到大别山、从抗日战争到解放战争,邓小平率领部队每解放一个地方,卓琳就带着孩子们赶到那里。在难得的相聚中,邓小平始终尽己所能表达着一名丈夫对妻子的关怀。据一些一二九师的老同志回忆,那时,尽管一二九师师部条件简陋,但仍能经常看见卓琳在院子里洗头时陪伴在她身边的邓小平细心地为她舀热水冲头发,可谓关怀备至、呵护有加。

---

① 《邓小平文选》第1卷,人民出版社1994年版,第294页。

邓小平是党和军队的高级领导人，不仅严格要求自己，也同样严格要求卓琳。他们的小女儿邓榕（小名毛毛）曾这样回忆：我爸爸很照顾我妈妈，但是他对我妈妈的要求也非常严。爸爸从来公事不私议，他不对妈妈讲工作上的事情，也不把个人的经历像炫耀一样跟妈妈讲。1952 年，邓小平被任命为中央人民政府政务院副总理。1956 年，他担任中共中央总书记，成为以毛泽东同志为核心的党的第一代中央领导集体的重要成员。到北京后，很多领导人的夫人都参加了工作。一些单位、团体也纷纷邀请卓琳参与工作。出身名门，曾考取北京大学物理系的高材生卓琳自然能够胜任这些工作。但邓小平为顾全大局，对卓琳提出了要求：不要到外面工作，言行要谨慎。卓琳理解邓小平的用意，便谢绝了工作邀请，选择成为了邓小平的秘书，负责为他整理日常文件。这项工作看起来简单，但需要耐心细致的工作态度。卓琳总是完成得很好，这一点从那时候的中央文件就数邓小平保管得最全这件事上就能得到验证。

在邓家孩子们的眼里，爸爸是"核心"，妈妈是"中心"。卓琳除了在工作上协助邓小平外，家里的柴米油盐、子女教育以及大小事务也都由她操持。对此，大女儿邓林感触很深，"在家里，爸爸从不干涉妈妈的具体工作。20 世纪 50 年代到 60 年代爸爸有 10 年当总书记，特别忙。我妈妈真是个好帮手，把家里料理得好好的"。

卓琳虽然不是政治人物，但她在大是大非问题上却立场坚定、观点鲜明。在邓小平遭遇政治磨难、处境艰难的时刻，卓琳总是紧紧地站在他的身旁，用行动给予他最大的支持。

1966 年，"文化大革命"发动。在看到一些夫妻或离婚彼此划清界限、或互相揭发批判对方时，邓小平的继母夏伯根非常担心。她叮嘱卓琳道:"卓琳,你可要清醒!你们夫妻这么多年,你应该是了解他,你可别犯糊涂!"卓琳非常坚定地回答:"我是了解他的,奶奶(卓琳跟随子女叫夏伯根奶奶)你放心!不会的。"

1969年,邓小平接到通知,被下放到江西劳动。在江西,除了到工厂做工,家里所有的家务活都要由邓小平、卓琳和夏伯根三位老人自己承担。考虑到夏伯根年纪大了,卓琳又身体不好,邓小平便主动承担起了更多的家务活。在江西,艰难和困顿并没有摧毁邓小平坚强不屈的意志,反而使得他和卓琳这对夫妻比从前任何时候都要亲密。小女儿邓榕依旧清晰地记得第一次去江西看望父母时的情形。一天,吃完饭,邓小平和卓琳一起上楼休息。邓小平走在前面,卓琳在后面。卓琳身体不太好,上楼的时候觉得有点费力,就叫了一句:老兄,拉我一把。邓小平一回头,就拉住卓琳的手。就这样,卓琳一手扶着楼梯,一手拉着邓小平的手,两个人一步一步踏上楼梯。此情此景,不禁让彼时的邓榕热泪长流。

1976年,邓小平被再次"打倒",并被撤销党内外一切职务。4月,他与卓琳一起被单独转移到东交民巷的一个院子里,与外界失去了一切联系。这时,卓琳患上了严重的眼病,需要住院治疗。无奈之下,她一个人住进了解放军301医院,这是"文化大革命"期间邓小平夫妇唯一一次分开。住院期间,卓琳十分牵挂邓小平的安危,并专门写下便条,叮嘱他不要离开现在住的地方。6月,邓小平给中央写信,表示想和孩子们一起住,或者允许孩子来看望。两个星期后,这个请求得到了批准。可以回去住,就意味着人身安全无忧,也意味着将不再与家人音讯隔绝。得到消息的邓小平十分高兴,偷偷地给卓琳递了一张纸条,上面写道:已批准我们同小孩们同住,在原处。孩子们是否全回,须同他们商量。几天后才动,注意秘密。你既可见到孩子们,就不急于出院,把别的病也治一治。这个纸条既没有抬头也没有落款,寥寥数语,不言自明的是这对相伴近 40 年的夫妻,对彼此最深刻的了解与最默契的关爱。

大女儿邓林曾这样评价父母的关系:他们两个人的关系,我认为堪称典范。他们两人几十年在一起,互相支持,互相帮助,互相信任,这直接影响我们所有子女,人应该是怎样的,人的爱应该是怎样的。

尊敬老人 喜爱孩子

邓小平的大女儿邓林在《我爱我的父亲》一文中曾写道:他(指邓小平)是一位生活在我们中间、有血有肉、感情真挚、充满旺盛生命力的人。他是一位好爸爸、好爷爷、好丈夫、好儿子。邓小平不止一次地说过,家庭是个好东西。这是他切身的体会,尤其在他遭遇挫折与坎坷之后更是这样。晚年的邓小平享受着传统中国人憧憬的"四世同堂"带来的天伦之乐:上有"老祖"夏伯根,下有孙子孙女,老老少少十几口人。每天晚饭,一大家人聚在一起边吃饭边聊天,从国家大事说到社会新闻。尽管邓小平从不发表意见,只是默默吃饭,但他喜欢这种轻松活泼、温暖融洽的家庭气氛。有时,饭桌上少了几个人,大家说话少了,他就会说,哎呀!今天怎么这么冷冷清清呢?

在邓家,被家人们尊称为"老祖"的是邓小平的继母夏伯根。1926 年,邓小平的生母淡氏病故,不久后,邓小平的父亲又娶了一位姓夏的女子为妻,这就是邓小平的继母夏伯根。

十三、向邓小平学习优良家风

夏伯根是嘉陵江上贫苦船工的女儿。她幼年丧母，十几岁时出嫁，不久丈夫病逝，她带着一个女儿（即邓先芙）改嫁邓小平的父亲邓绍昌，并生下邓家最小的孩子邓先群。1936年邓绍昌病故后，她就一直寡居在家。兵荒马乱的生活使夏伯根老人磨炼出了坚强的性格。她虽然不识字，但是半生的坎坷境遇使她养成了深明大义、明理豁达的性格。1950年重庆解放后，当邓小平这位素未谋面的儿子派人来接她的时候，夏伯根只拿着随身的小包裹就锁上家门跟着来人走了。邓小平重情重义，他不仅把夏伯根从广安老家接到重庆同住，还把同父异母的妹妹邓先群和没有血缘关系的妹妹邓先芙也接到家里一起生活。1952年，邓小平调到北京工作，夏伯根也跟着邓小平一家搬到北京，此后一直生活在一起，成为了邓家重要的家庭成员。夏伯根老人是邓小平夫妇料理家务的好帮手，被邓家的儿女们誉为邓家的"特等功臣"，邓小平小女儿邓榕（毛毛）、小儿子邓质方（飞飞）和几个重孙子都是她一手带大的。

1966年"文化大革命"开始后，邓小平受到错误批判和斗争，被剥夺一切职务。1967年9月的一天，中南海"造反派"和中央办公厅派人到邓小平家中宣布，邓小平的子女立即回学校，继母夏伯根立即回四川老家。考虑到老家没人照顾老人，经过邓小平力争，夏伯根被同意留在北京，和邓小平的子女一起被安排住在宣武门外的一处简陋房子里，而邓小平夫妇则继续留在中南海的住所中交代问题、接受批斗。据邓榕（毛毛）《在江西的日子里》一文中回忆："'文革'（开始）以后，她（指夏伯根）和我们几个孩子一起被扫地出门，从家里撵了出来。她毅然担起全家在逆境中求生存的重担。在那风风雨雨的日子里，她受尽了屈辱、歧视。但她坚强镇定，不畏艰难，成为我们几个孩子生活的中心。"①

1969年10月中旬,邓小平接到通知,即将被安排去江西工厂劳动锻炼。由于不知道这一次疏散要多久才能返回北京,他便提出希望带上年迈的继母一同去江西。1969年10月22日,邓小平与卓琳、继母夏伯根一起,只随身携带了一些简单的个人物品,就匆忙登上了去往江西南昌的专机。到了江西,他们被安排住在原来南昌步兵学校"将军楼"的二层一隅。就这样三位老人相互体贴、相互照顾、相依为命,走过了那段艰辛的岁月。1973年,邓小平第二次复出,夏伯根也跟随邓小平、卓琳回到北京,从此和邓小平一家生活在一起,直到2001年去世,享年101岁。

除了尊敬老人,邓小平还特别喜爱孩子。他有一句名言:没有小孩家里就没有生命。在工作中雷厉风行的他,在生活中却和天底下任何一个普通慈祥的父亲一样。在几个儿女还小的时候,邓小平就非常关心孩子们的学习和生活,每到期末考试结束,他就会像其他家长一样检查每个孩子的成绩单,看看孩子们在学校的表现。孩子们在寄宿学校就读,学校曾经因为发生流感而取消了周末放假,所有孩子们都不能回家。这时的邓小平即使工作再忙,也一定会在每个星期抽出空来带些孩子们爱吃的东西到学校看看他们。

小女儿邓榕的回忆则更加细节:我们家的孩子有一个习惯,就是睡觉的时候一定要盖得严严的,这个习惯是父亲给我们养成的。因为我们从小睡觉,父亲都要来看我们,每次看我们的时候,都要把我们的手放在被子里面,用被子塞得严严的,说不要着风,怕我们生病。

---

① 毛毛:《在江西的日子里》,《人民日报》1984年8月22日。

邓小平虽然不爱说话，但他对子女们的爱就深藏在这些生活细节的点滴之中。

在孩子们看来，邓小平虽然平常不说豪言壮语，也不讲很温情的话，但是，还是可以从他的行动中感觉得到作为父亲的邓小平对他们的情感付出，孩子们也经常能从生活的细节里发现父亲对自己的深沉爱意。在小儿子邓质方的记忆里，一直挥之不去这样一个场景：到老爷子晚年的时候，我和我儿子没事的时候经常坐在老爷子办公室的地上打扑克。老爷子就看着我们，他也不打。也不说话，就是坐在那儿看，一直看着我们。我们挺高兴，也挺心酸。

无情未必真豪杰，怜子如何不丈夫。在平日的生活里，父亲的爱如同和煦的阳光温暖着孩子；而当狂风暴雨袭来之时，父亲则站成了一棵大树，尽力伸展着枝桠以保护孩子们免遭风吹雨打。"文化大革命"开始，邓家的子女们四散各地，被迫与孩子们分离的邓小平只得通过给中央写信、给毛泽东写信，才能尽力为孩子们做点事情。在这些书信中，有向中央申请增加与子女见面机会的，也有申请增发生活费以贴补子女路费的。此外，在信中，邓小平除了申明有关的政治问题外，但凡有所要求，次次都是为了孩子们。这些信件的字里行间，不仅透露出了邓小平如同天下任何一个普通父亲一样的心情，更充满了他对孩子们的牵挂与惦记。

当身处江西的邓小平在为了解决子女们的问题一字一句写下这些书信的时候，分散在祖国各地的孩子们并不知情。直到后来，他们才陆续得知了事情的来龙去脉。

长子邓朴方在回忆起第一次看见父亲写的这些信件时的心情时，仍觉得沉重不已：

那是我第一次看到真迹，心情就很沉重了。老人家在那么困难的情况下，对我们子女还付诸这么多的心血。所以我看了半天，说不出话来，真是可怜天下父母心。老人家藏在内心的东西，平常都没有表现过，他也从来不说。只有在偶尔遇到什么场合下，突然发现一个什么事情的时候你才发现，哦，原来他是这样的。①

女儿邓榕在《我的父亲邓小平》一书中曾写下过这样一段话：

在谪居江西的日子里，父亲写了很多的信。在生活中，我们从小到大从未见父亲写信，就连与他相濡以沫三十多年的妈妈，也从未见过他因家事写信。而在"文革"中间，作为一家之长，为了让孩子治病，为了让孩子上学，为了孩子的工作，他一反一贯的作风，一次又一次地拿起笔，一封又一封地写信。"文革"中，他总觉得家人和孩子们是因为他才受到这么多的委屈和不幸，他总想尽一切可能，为家人和孩子们多做点事再多做点。估算一下，"文革"十年中，父亲所写的信，比他一生中其他八十年的统统加起来，还要多得多。②

---

① 这是邓朴方就电视文献片《永远的风采：邓小平遗物的故事》接受中共中央文献研究室工作人员采访时的谈话。
② 参见邓榕：《我的父亲邓小平："文革"岁月》，生活·读书·新知三联书店2013年版，第202页。

中国有句老话叫作"隔辈亲"。到了晚年,孙子孙女又成了邓小平心中的宝贝,一时没看见谁便要询问、就要寻找。每当和孩子们在一起时,他总是显得特别满足与幸福。邓小平不喜欢照相,但只要孩子们有要求,他都会立即配合。或者拿着布娃娃,或者戴个柳条帽,并且心甘情愿地受孩子们的"摆布"。邓小平一向爱整洁,他的办公室不允许人随便进出,但只要孙子孙女们想进去玩耍,他不但不阻拦,还要用糖果、饼干"贿赂"他们。他自己曾不无幽默地说,以后如果评"世界上最好爷爷奖"的话,我可以得这个奖。

低调自律　奉献社会

邓家的家庭教育中的一个重要环节就是严格要求。在家庭教育中,邓小平不仅严格要求子女低调自律、谨慎守法,还要求他们主动履行社会义务,积极为国家和社会作出贡献。

邓小平一生为党、为国家和人民作出了卓越贡献,但他始终低调谦逊,对个人荣誉看得很淡,从不提及自己的功劳,只是轻描淡写地说自己"做了点工作"。1985年10月,邓小平在回答外宾提问时自我评价说:"永远不要过分突出我个人。我所做的事,无非反映了中国人民和中国共产党人的愿望。"[①] 1992年7月,他在审阅党的十四大报告时指出,报告中讲我的功绩,一定要放在集体领导范围内。可以体现以我为主体,但绝不是一个人脑筋就可以钻出什么新东西来。乡镇企业是谁发明的,谁都没有提出过,我也没有提出过,突然一下子冒

---

① 《邓小平文选》第3卷,人民出版社1993年版,第151页。

出来了，发展得很快，见效也快。家庭联产承包责任制也是由农民首先提出来的。这是群众的智慧，集体的智慧。我的功劳是把这些新事物概括起来，加以提倡。报告对我的作用不要讲得太过分，一个人、几个人，干不出这么大的事情。①

对于孩子们来说，邓小平的要求也是如此。他常对孩子们说：要守法，要谨慎，名不要出得太大，要夹着尾巴做人。这也导致了邓小平的几个子女小的时候在很长一段时间里甚至连自己的父亲是做什么工作的都不知道。

1952年7月，邓小平奉命从重庆调往北京，担任政务院副总理，全家人随他一同前往北京。在飞机上，7岁的二女儿邓楠询问爸爸："在西南军区的时候，人家叫你首长，那到了北京以后，你是什么呀？"邓小平笑了笑说："到了北京以后是'脚掌'！"到了北京以后，孩子们进入八一小学上学。那时候，八一小学大多是军队的干部子弟。由于刚刚授军衔不久，孩子们之间难免互相攀比。一次，有同学问邓楠，你爸爸是什么呀？邓楠并不知道父亲的职务，什么也说不出来，顿时觉得很自卑。一直到邓楠小学快毕业时，有一天，她跟同学聊天，一个同学突然问起："你爸爸是谁呀？"旁边另一个同学说："他爸爸是邓小平。"结果好几个同学同时非常惊讶地说："啊？你爸爸是邓小平？"邓楠这才朦朦胧胧地感觉到，父亲似乎还挺有名，但当时的她依然不知道父亲的职务和具体工作。②

对于邓小平的孙辈来说也是如此。为了保持低调，邓小平的四个

---

① 参见《邓小平年谱》第5卷，中央文献出版社2020年版，第648页。
② 参见中共中央文献研究室第三编研部编：《话说邓小平》，中央文献出版社2004年版，第381—382页。

孙辈上学的时候都没有姓邓,而是都跟着奶奶姓卓。后来,孙辈们长大了,邓小平也常常告诫他们,不要去声张自己的家庭。在孙辈们的记忆里,爷爷奶奶是没有姓名的,从没有人告诉他们爷爷奶奶是谁或是干什么的。还是上了小学后,他们才知道了爷爷奶奶的名字,可关于爷爷奶奶是做什么工作的还是没有人说过。最终,孩子们还是像小时候的父母们一样从学校里知道的。

名不要出得太大,要夹着尾巴做人,但这并不意味着可以虚度人生。邓小平虽然不要求子女孙辈们名扬天下,一定要有大出息,但他仍要求子女孙辈们能做事、会做事,要有点本事为国家作贡献。

1992年农历正月十五的晚上,在上海休养的邓小平出现在了上海第一百货公司。在人们的簇拥下,邓小平来到了文具柜台前。他仔细地端详着柜台里的商品,精心挑选了几支铅笔和几块橡皮作为送给孙辈们的礼物。他表示,铅笔是要他们好好学习,橡皮是要他们有错就改。说着,他递上了十块钱,笑着说:好多年没有花钱了,这是我亲手花人民币。

1993年,外孙女卓玥(羊羊)出国留学前,邓小平嘱咐舍不得离开父母的羊羊道:"我十六岁时还没有你们的文化水平,没有你们那么多的现代知识,是靠自己学,在实际工作中学,自己锻炼出来的,十六七岁就上台演讲。在法国一呆就是五年,那时话都不懂,还不是靠锻炼。你们要学点本事为国家作贡献。大本事没有,小本事、中本事总要靠自己去锻炼。"①

虽然邓小平对待子女和孙辈没有很高的要求,但是他也绝不会放任

---

① 《邓小平年谱》第5卷,中央文献出版社2020年版,第656页。

对子女和孙辈的管教，对于原则性问题，他向来决不含糊。他曾非常正式而严肃地召集家人开会，并专门强调遵纪守法、严格自律的问题。

20 世纪 80 年代的一天，邓小平突然召集所有的子女及秘书王瑞林开会。等人都到齐了之后，他严肃地说：现在外头对我们家有这样那样的说法，说你们在国外有存款。你们到底有没有？一个一个表态，必须表态！等到所有子女及秘书依次表完态、说明确实没有国外存款时，邓小平才放下心来，然后认真地告诫大家说，不能因为是邓小平的孩子就忘乎所以，甚至胡作非为。要遵纪守法，千万不要脱离了国家的法律范围，真要到那个时候，我也不会帮你们。1989 年 5 月 31 日，邓小平在同李鹏、姚依林谈话时又提到："我还经常查我家里有没有违法乱纪的事。"①

除了要求子女要谨慎自律，邓小平还以身作则，敦促他们承担社会责任，并积极履行社会义务。

中国的全民义务植树运动始于 1981 年，其倡导者正是邓小平。为了号召全体公民都积极投身植树造林、绿化祖国的伟大事业，在邓小平的倡议下，1981 年 12 月，五届全国人大四次会议审议通过《关于开展全民义务植树运动的决议》。邓小平是义务植树的倡导者，更是义务植树的积极践行者。从 1982 年开始，他每年都会在繁忙的工作之余带头履行普通公民的植树义务。邓小平多次强调，植树绿化要世世代代传下去，因此，每次植树，他都要带上家人，尤其是孙子、孙女们，以身作则地教育他们种树、爱树，积极参与祖国的生态环保事业。

1985 年 3 月 12 日这天，邓小平带着外孙女羊羊等家人到北京天

---

① 《邓小平文选》第 3 卷，人民出版社 1993 年版，第 297 页。

坛公园植树。他手把手地教羊羊执锹铲土，将土一锹一锹埋到树根上，爷孙俩再一起把一桶水小心地浇到树坑里。邓小平一边教导着小外孙女如何植树，一边又耐心地给她讲着为什么要植树的道理。

到了1987年4月5日北京市植树节，邓小平再次带着家人到天坛公园植树。劳动间歇时，他手指着外孙女羊羊说，今天我带的这个人，已经跟着我种了6年树了，说着又指着刚会走路的孙子邓卓棣（小弟），诙谐地说：今天我又增加了一个新部队，羊羊的小弟弟。在场人纷纷大笑，邓小平接着嘱咐孩子们：你们长大了要接着栽树，要从小做起。他还郑重地对工作人员讲："要让娃娃们从小养成种树、爱树的好习惯。"[①]

除了义务植树，希望工程也是邓小平带动家人参与最多的公益事业之一。

1989年10月，中国青少年发展基金会发起了旨在救助贫困地区失学儿童重返校园的希望工程，并得到了邓小平的高度关注和支持。1990年，邓小平欣然题写了"希望工程"四个大字。1992年4月16日，为了动员更多人参与希望工程，邓小平的题词在《人民日报》上作了发表，由此揭开了"希望工程百万爱心行动"的序幕。在活动进入高潮的时候，1992年6月10日，邓小平以"一位老党员"的名义，委托身边工作人员向希望工程捐款3000元人民币。10月6日，他再一次以"一位老共产党员"的名义向希望工程捐赠2000元。由于工作人员拒绝透露信息，中国青少年发展基金会经多方查询，才终于了解到这位"老共产党员"正是邓小平。

---

① 《邓小平年谱》第4卷，中央文献出版社2020年版，第492页。

除了自己带头捐款，邓小平还组织家人为希望工程捐款。在刚得知希望工程项目的基本情况后，邓小平便在家中对孙辈们进行了一次教育，向孩子们讲述了山区贫困学生求学之路的艰难，号召孩子们省下零用钱为贫困山区的失学儿童捐款。在爷爷的感召下，孙辈们纷纷主动把自己存下的零用钱拿了出来，有一毛的、几分的，攒了一堆，清点后一共是310元，全都捐给了希望工程。

在邓小平的影响下，卓琳和几个子女也都陆续为希望工程捐了款。卓琳在和姐姐浦代英联名给家乡云南宣威希望工程捐款时曾致信说："我们虽然离开家乡数十年，但对家乡人民还是念念不忘，尤其儿童教育问题是我们最关心的事。"1994年，卓琳一次补发了4000多元工资，她一下子全都捐给了希望工程。自己捐款之余，卓琳还俨然成了一个希望工程的"宣传大使"，总是指着不同的人问，你捐了没有？你捐了多少？在这种家庭教育的影响下，1997年，邓小平的外孙女羊羊还主动报名在中国青少年发展基金会做了志愿者。

孩子是希望，是未来。邓小平经常讲，要从娃娃抓起，就是着眼于长远，着眼于未来。十年树木，百年树人。不管是自己带头参与植树、为希望工程捐款，还是有意识地培养后代履行植树义务、关爱公益事业，邓小平都在努力培养下一代的社会责任感和使命感，都在执着地表达着他诚挚的愿望：社会主义的事业代代相传，每一代人都必须承担起自己应当肩负的责任与使命。

艰苦朴素　生活俭朴

邓小平一贯提倡要艰苦奋斗，尤其是进入改革开放和社会主义现

十三、向邓小平学习优良家风

代化建设新时期,他更是提倡要做到这一点。1980年1月16日,邓小平在中央召集的干部会议上作了题为《目前的形势和任务》的报告。在报告里,他再一次提出,"要有一股艰苦奋斗的创业精神"是实现四个现代化必须具备的前提之一,是搞四化建设过程中始终要注意的问题。邓小平对完成现代化建设的目标非常有信心,同时对将要面临的困难也很清醒。他告诫全党:"为了缩短和消除两三个世纪至少一个多世纪所造成的差距,必须下长期奋斗的决心。在相当长的一段时间里,我们不能不提倡和实行艰苦创业。"①

邓小平提倡全党发扬艰苦奋斗精神,自己更是身体力行。他一生简朴,从不奢侈浪费,也不讲排场。每到一地参观视察,他都要求不妨碍群众,不搞迎送,不请客,不断绝交通。1979年7月,邓小平攀登黄山,特别交代不封路,不断游,不对外宣传,不搞特殊化。登山过程中,遇到赶路的年轻人或挑夫,他主动给他们让路。1980年7月,邓小平前往峨眉山旅游区。据当时陪同的工作人员回忆,邓小平对四川省领导和接待人员说:这次上峨眉山,是参观休息,不要影响地方上的工作,不许封山,以免影响别的游客游览。大家都是游客,大路朝天,各走一边,互不干扰。晚上洗漱完毕后,他叫来随行人员问:傍晚看见很多游客,这么多人,吃住问题怎么解决?请你们去检查一下,千万不能因为我们来了把人家赶出去。当得知留宿的300名游客已吃了面条、租了凉席睡下后,他才放下心来。

在四川广安的邓小平故居陈列馆里所展出的文物中,有一些是邓小平使用过的物品。其中,有一块手表和一件毛衣特别吸引人们的目

---

① 《邓小平文选》第2卷,人民出版社1994年版,第260页。

光，它们是中共中央上海分局书记刘晓在1949年赠送给邓小平的。1949年，邓小平同刘伯承等率部队解放上海。进了上海以后，刘晓看到邓小平由于长期艰苦地行军打仗，生活方面显得很贫寒，便送给他一块手表、一件毛衣。这块手表，邓小平一直到20世纪80年代还戴着，最后，由于表面严重磨损，里面的数字难以辨认，这才不得已换了块新表。刘晓赠送的毛衣，邓小平也穿了20多年。"文化大革命"期间，邓小平在江西新建县拖拉机厂劳动的时候，毛衣的袖子磨破了，卓琳就找了一些颜色差不多的毛线，把粗线破成细细的线，精心进行织补。卓琳的针线活好，织补得近乎天衣无缝，但仔细看，还是能看出痕迹。就这样缝缝补补，这件毛衣邓小平竟一直穿了20多年。

邓小平平时喜欢穿旧衣服，穿鞋也喜欢穿旧鞋。在邓家人看来，要让邓小平换上一件新衣服、一双新鞋，可要费一番工夫。邓小平与外孙女羊羊有一张照片流传很广：在火车上，邓小平坐在一边看报纸，把脚架在脚凳上。结果刚好袜子上露出一个破洞，小外孙女羊羊就伸手去抠那个破洞，逗姥爷玩。这都是在邓家经常发生的事情。

据邓小平原身边工作人员王世斌回忆，邓小平的白衬衣由于穿的时间太长了，领子都磨破了，可他经常就是补一补，实在不行了就换个领子继续穿。邓小平有一条军裤，原来是绿色的，穿得都花白了，他也舍不得扔。在王世斌的印象当中，邓小平只有一双皮鞋，并且仅当有外事活动的时候才穿。回家后，他穿的就是布鞋和拖鞋。因为邓小平有每天散步的习惯，所以在家里他都坚持穿布拖鞋。结果时间长了，鞋底就磨坏了，便由王世斌拿出去钉掌，等再破了之后又去钉掌。就算是鞋里边脚跟处都磨得发黄了、破了，他还是照样穿。

除了穿着，在饮食上，邓小平更是十分朴素，毫不浪费。邓小平

十三、向邓小平学习优良家风

生活一向俭朴，表现在饮食上就是有什么吃什么，从不挑食，也从不吃滋补品。川菜是他一生的爱好，但也仅限于宫保鸡丁、麻辣豆腐之类。邓小平吃饭简单，多数时间是看着孩子们吃。20世纪60年代初，工作人员担心邓小平和大家一起吃饭会营养不够，便提出让他单独吃，可他却不肯。有时，工作人员给邓小平单独炒一个菜，他便分给孩子们，自己一口也不吃。改革开放后生活好了起来，邓小平家的伙食也改善了，一般情况下都是"四菜一汤"，但每餐剩下的菜都要做成烩菜下一顿接着吃。即使是炖菜剩下的汤，也要留到下一顿。遇上节日或是家里谁过生日，也从来不大办酒席，只是一家人聚在一起吃一顿便饭就算是庆祝了。

生活俭朴的邓小平一生没有什么积蓄。他的著作《邓小平文选》等出版后，也从来没有领取过稿费。当得知《邓小平文选》有一笔稿费还存放在出版社后，他郑重其事地把家人召集在一起开会。他表示，虽然钱不多，但是我得捐出去。咱们来研究研究，这点儿钱能干什么，捐到什么地方去。最后，邓小平决定把钱捐给科技和教育事业。

家风正，则民心淳；民风正，则社稷安。2022年6月，习近平总书记在四川考察时曾就家风问题发表讲话，并强调，家风家教是一个家庭最宝贵的财富，是留给子孙后代最好的遗产。要推动全社会注重家庭家教家风建设，激励子孙后代增强家国情怀，努力成长为对国家、对社会有用之才。党员、干部特别是领导干部要清白做人、勤俭齐家、干净做事、廉洁从政，管好自己和家人，涵养新时代共产党人的良好家风。① 因此，我们要学习邓小平

---

① 参见《深入贯彻新发展理念主动融入新发展格局 在新的征程上奋力谱写四川发展新篇章》，《人民日报》2022年6月10日。

的优良家风，在热爱家庭的同时也能严格要求每一个家庭成员，以身作则、宽严相济，自觉做培育良好家风的表率，涵养新时代共产党人的良好家风，以实际行动带动全社会崇德向善，进而凝聚起昂扬进取的精气神。

后　　记

2024年是中国社会主义改革开放和现代化建设的总设计师、中国特色社会主义道路的开创者、邓小平理论的主要创立者邓小平同志诞辰120周年。为全面展示一代伟人的革命精神和崇高风范，我们怀着崇敬的心情，编写了这本《向邓小平学习》。

本书的编写者都是中共中央党史和文献研究院长期从事邓小平思想生平研究的专业人员：张曙拟出提纲，负责全书的统稿和定稿；王桢负责编写向邓小平学习信念坚定、向邓小平学习热爱人民、向邓小平学习实事求是、向邓小平学习开拓创新、向邓小平学习战略思维；孔昕负责编写向邓小平学习斗争精神、向邓小平学习世界眼光、向邓小平学习大局观念；邢广益负责编写向邓小平学习坦荡无私；李晓倩负责编写向邓小平学习领导艺术；桑东华负责编写向邓小平学习科学决策、向邓小平学习调查研究；叶帆子负责编写向邓小平学习优良家风。中共中央党校（国家行政学院）中共党史教研部李庆刚教授和高中华教授认真审阅了全部书稿，提出了中肯的修改意见。中共中央党校出版社为本书的出版给予了大力支持，在此谨表示衷心感谢！

对于书中的不足之处，欢迎读者批评指正。

编　者
2024 年 7 月